대승기신론 신강

대승기신론 신강

일반인을 위한
특별한 불교 교과서

지안 스님

조계종
출판사

개정판을 내면서

불교를 공부하는 것은 삶의 지혜와 복덕을 성취하기 위해서라고
말할 수 있다. 또한 부처님 말씀을 통해서 자기 자신을 탐구하는
'나를 알려 하는 공부'가 '불교공부'이다. 『대승기신론』은 이러한
공부의 지침을 제시해 준 표준 교과서이다. 중생들의 마음을 바
로 대승이라 선언하고 이 마음에 대하여 논리 정연한 설명을 해
준다. 즉, 마음이 무엇인가, 그 정체에 대해 가장 차원 높은 이론
적 설명을 가해 놓은 책이 『기신론』이다.

　전통강원의 사교 과목에 속해 있는 『기신론』을 읽고 가르친 세
월은 꽤 오래되었다. 그래서 한문 원전을 가지고 전문적으로 보는
학습 방법이 일반적으로 난해한 경향이 있기에 누구나 널리 읽고
이해하기 쉬운 교재가 필요하다는 생각을 해 오고 있었다. 그러
다가 수년 전에 불교대학을 개설한 어느 사찰의 강의 부탁을 받
아 강의용 교재를 만들었다. 그것을 조금 더 손질해 단행본으

로 엮게 되었다. 이는 오로지 『기신론』 학습자들에게 조그마한 도움이 되기를 바라는 뜻에서이다. 원문의 번역을 위주로 했던 기존의 교재를 밑 본으로 하여 여기에다 보충 설명을 덧붙여 책 이름을 "대승기신론 신강"이라 하였다.

근래에 서구에서는 불교에 관심을 갖는 사람들이 늘고 있다는 말을 들은 적이 있다. 이것은 신을 찾아가는 타 종교와는 달리 자기 자신에게로 돌아가게 하는 불교의 특징이 탈종교화 시대인 오늘날의 정서에 설득력을 지니기 때문으로 이해된다. 문명의 위기 속에 인간의 심성이 피폐된다는 지적이 나오고 있는 현대 사회에서 사람의 참된 성품에 대한 불교의 설명을 듣고 나면, 자기의 삶을 바로 음미하여 새로이 자신을 다잡을 수 있는 어떤 자구책을 스스로 찾아낼 수 있으리라는 믿음을 역자는 지니고 있다.

수많은 불교서적 가운데 이 『대승기신론』은 꼭 일독을 권하고 싶은 책이다. 우선은 대승불교의 이해를 바르게 하고자 하는 뜻에서이고, 다음으로는 이 책을 읽은 인연으로 우리 모두의 삶을 대승적으로 회향할 수 있는 계기를 만들 수 있기를 아울러 바라기 때문이다.

끝으로 이 책은 7년 전에 『기신론』 공부를 위한 교재로 출판되었던 것을 내용을 보충하여 다시 출판하게 되었음을 밝힌다.

반야암 지월당 指月堂에서

지안 씀

대승기신론 개요

서분 序分

정종분正宗分 — 수행신심분修行信心分

정종분正宗分 ─ 권수이익분勤修利益分

유통분流通分

대승기신론 개요

대승이란
무엇인가

불교에서 나온 용어 가운데 '대승大乘'이란 말은 매우 중요한 의미를 가지고 있다. 범어Sanskrit의 'mahāyāna'를 의역한 이 말은 대승불교가 일어나고부터 널리 퍼졌지만 초기불교에서도 대승이라는 표현이 쓰인 경우가 있다. 『장아함경』, 『잡아함경』, 그리고 『본생경』 등에도 대승이라는 용어가 발견된다. 그러나 초기불교에서 쓰인 대승이라는 말은 부처님의 가르침이 위대하다는 뜻에서 쓰인 존칭으로 대승불교에서 말하는 '대승'과는 그 뜻이 다르다. 따라서 대승은 대승불교가 시작되면서 보편적으로 널리 쓰이게 되었다.

물론 대승의 의미를 담고 있는 '보살'과 '육바라밀'이라는 말이 『증일아함경』 등에 일부 등장하고 있지만 학자들은 이러한 표현이 후대에 와서 증보된 내용으로 추정하고 있다.

대승은 기존의 부파불교의 교설과는 다른 차원에서 설해진 것으로, 부파불교의 한계를 벗어나 고차원적인 교법임을 새롭게 천명하기 위해 내세운 말로 우등優等한 것이라는 뜻을 가지고 있다. 대승불교가 일어나고부터 대승 이전의 것을 소승小乘이라 하여 일반적으로 대승과 소승을 상대적인 개념으로 이해하여 왔다. 승乘은 수레나 배 등의 탈것을 말하는 것이니, 대승은 많은 사람을 태워 준다는 뜻인 반면에 소승은 한두 사람의 적은 인원을 태워 준다는 뜻이다. 그러므로 크고 작음의 차이를 두고 대·소승을 구분한다고 말할 수 있다.

역사적으로 대승이 일어난 시기는 마명과 용수의 생존 시기를 전후한 1~2세기경으로 보는 게 일반적인 견해이다. 마명과 용수는 대승불교의 선구자적인 역할을 하였다고 평가받는다. 대승의 교법상 특징은 '법공사상法空思想'을 천명한 것이며, 또한 이타주의 수행관을 설한 '보살도정신菩薩道精神', 그리고 수많은 불보살이 등장하는 '다불신앙多佛信仰'으로 요약할 수 있다. 특히 대승의 이상적인 수행자상은 보살상이다. 이 보살은 이승二乘에 비해 뛰어나므로 대승이 된다 하였다. 바꾸어 말하면 대승정신을 소유한 자가 보살이라는 것이다.

경전에서 밝히는
대승정신

『법화경』「비유품」에서는 이렇게 대승의 의미를 설명했다.

"만약 어떤 중생이 부처님 법을 듣고 믿으며, 부지런히 정진하여 일체지一切智와 불지佛智와 자연지自然智와 스승 없이 스스로 깨달은 지혜[無師智(무사지)]와 여래지견如來知見과 힘과 두려움 없음[無畏(무외)]을 구하고 한량없는 중생을 가엾이 여기어 안락을 누리게 하며, 천신과 인간들을 이롭게 하고 모든 중생을 제도하면 이를 대승이라 이름한다."

또 『금강경』「대승정종분」에서는 부처님께서 수보리에게 다음과 같이 말씀하신다.

"모든 보살마하살은 다음과 같이 그 마음을 다스려야 한다. '알에서 태어난 것, 태에서 태어난 것, 습기에서 태어난 것, 변화하여 태어난 것, 형상이 있는 것, 형상이 없는 것, 생각이 있는 것, 생각이 없는 것, 생각이 있는 것도 아니고 없는 것도 아닌 일체 아홉 종류의 중생에 대해 내가 모두 완전한 열반에 들게 하리라. 이와 같이 헤아릴 수 없이 많은 중생을 열반에 들게 하였어도 실제로는 완전한 열반에 든 중생은 아무도 없다'. 왜냐하면 수보리여! 보살이 자아에 대한 고집, 인간에 대한 고집, 중생에 대한 고집, 수명에 대한 고집이 있으면 보살이 아니기 때문이니라."

이상은 『금강경』에서 밝힌 대승의 올바른 종취宗趣이다. 이 대목을 『금강경찬요』를 지은 규봉 스님은 네 가지 마음으로 풀이했다. 일체 중생 모두에 대하여 제도하고자 원력을 가진 마음을 '광대심廣大心'이라 하였고, 완전한 열반에 들게 하는 것이 일등이 되는 마음을 '제일심第一心'이라 하였고, 중생을 제도하여도 제도했다는 생각이 없이 변하지 않는 항상 그대로인 마음을 '항심恒心'이라 하였고, 일체 고집 상相이 없어서 뒤바뀌지 않은 마음을 '부전도심不顚倒心'이라 하였다. 이와 같은 네 가지 마음이 갖춰진 상태가 대승이라는 것이다.

『기신론』에서의
대승의 설명

『기신론』에서의 대승은 더욱 깊은 뜻으로 설명된다. 원효 스님의 『대승기신론소大乘起信論疏』에서는 "대승의 대大는 법에 해당하는 이름으로 널리 감싸는 것으로 뜻을 삼고, 승乘은 비유에 붙인 이름이니 실어 운반하는 것으로 공을 삼는다(言大乘者 大是當法 之名 廣苞爲義 乘是寄喩之稱 運載爲功)"라고 일반적인 설명을 한 뒤 『대승아비달마잡집론』의 말을 인용하여 일곱 가지 대大의 성질과 상응하기 때문에 대승이라 한다 하였다.

그 일곱 가지 대大의 성질은 다음과 같다.

1. 경대성境大性이니, 보살도는 백천 등의 한량없는 모든 경전의 광대한 교법과 연관된 것을 경계를 삼기 때문이요(一 境大性 以菩薩道 緣百千 等 無量諸經廣大教法 爲 境界故).

2. 행대성行大性이니, 일체의 자리이타의 광대한 행을 바르게 실천하기

때문이요(二 行大性 正行一切 自利利他 廣大行故).

3. 지대성智大性이니, 광대한 보특가라의 법이 무아임을 알기 때문이요
(三 智大性了知廣大補特伽羅法無我故).

4. 정진대성精進大性이니, 삼대겁 아승기야 동안에 한량없는 행하기 어려운 행을 방편으로 부지런히 닦기 때문이요(四 精進大性 於三大阿僧祇耶 方便勤修 無量難行行故).

5. 방편선교대성方便善巧大性이니, 생사와 열반에 집착하지 않기 때문이요(五 方便善巧大性 不住生死及涅槃故).

6. 증득대성證得大性이니, 여래의 모든 힘과 두려움이 없는 부처님만 가지고 있는 법 등 한량없는 무수한 큰 공덕을 얻기 때문이요(六 證得大性 得如來諸力無畏佛共佛法等 無量無數大功德故).

7. 업대성業大性이니, 생사가 다하도록 일체보리를 이루는 것 등을 나타내어 광대한 온갖 불사를 세우기 때문이다(七 業大性 窮生死際 示現一切成菩提等 建立廣大諸佛事故).

또 『현양성교론』을 인용하여 대승의 성질이란 보살승의 7가지 대大의 성질과 상응하기 때문에 대승이라 한다. 그 7가지 대의 성질을 다음과 같이 설명하였다.

1. 법대성法大性이니, 12분교 중에 보살장이 포섭하는 바르고 넓은 가르침을 말하고(一 法大性 謂十二分教中 菩薩藏所攝方便廣大之教)

2. 발심대성發心大性이니, 이미 무상정등각심을 발하였음을 말하며(二

發心大性 已發無上正等覺心)

3. 승해대성勝解大性이니, 앞에서 말한 법대성의 경지에 대하여 수승한 신해를 일으킴을 말하고(三 勝解大性 謂於前所說法大性境 起勝信解)

4. 의락대성意樂大性이니, 이미 수승한 해행의 경지를 뛰어넘어 정승의 락지에 들어감을 말하며(四 意樂大性 謂已超過勝解行地 入淨勝意樂地)

5. 자량대성資糧大性이니, 복과 지혜의 두 가지 큰 자량을 성취하였기 때문에 무상정등보리를 증득함을 말하고(五 資糧大性 成就福智二種大資糧故 能證無上正等菩提)

6. 시대성時大性이니, 삼대겁아승기야에 수행하여 무상정등보리를 잘 증득함을 말하고(六 時大性 謂三大劫阿僧企耶時 能證無上正等菩提)

7. 성만대성成滿大性이니, 곧 무상정등보리 자체를 말하니 성취 만족한 보리 자체는 여타의 성만 자체에 비교하여 오히려 이 같은 것이 없거늘 무엇이 이보다 뛰어남이 있으랴(七 盛滿大性謂卽無上正等菩提自體所盛滿菩提自體 比餘盛滿自體 尚無與等 何況超勝).

이상에서 보듯이 대승은 그 의미가 매우 다양하고 복합적인 것이라 간단히 정의하기가 어렵다. 그러나 『대승기신론』에서 가장 주목할 내용은 대승을 중생의 마음이라 선언해 놓은 데 있다. 입의분立義分에서 "마하연[大乘(대승)]은 두 가지 뜻이 있으니 하나는 법이요, 둘은 뜻이다. 법은 바로 중생의 마음을 말한다"라고 하였다. 마음이 만법의 근본이라는 불교의 전반적인 대의를 『기신론』에서는 '마음은 본래 대승이다'라고 바꾸어 말해 놓았다. 다시 말하면 일체 중생의 마음이 모두 대승의 마음이라는 것이다. 마치 『열반경』에서 '일체 중생이 모두 불성이 있다'라고 한 것처럼 중생의 마음이 대승이라는 말은 대승을 가장 극적으로 표현했다고 볼 수 있다.

『기신론』의 저자
마명馬鳴Aśvaghoṣa

『기신론』의 저자는 마명으로 알려져 있다. 범어 이름이 아슈바고샤Aśvaghoṣa인 그는 생몰연대에 관하여 여러 가지 이설이 있으나, 대체로 2세기 초·중엽에 생존했던 인물로 그의 활동 시기를 100~150년경으로 본다. 그는 원래 브라만 출신의 대학자로 총명함이 널리 알려졌던 사람인데, 당시 인도의 학문중심지였던 마가다 지방의 여러 도시에서 불교학자들과 논쟁을 벌인 끝에 지고 나서 불교에 귀의하였다고 한다.

조사 전법 법맥에 서천 십이조十二祖로 되어 있으며, 부나야사富那夜奢의 제자로 되어 있는데 일설에는 협존자脇尊者의 제자였다고 한다. 또한 그는 당시 유명한 시인으로 이름을 떨쳤으며, 카니시카왕의 두터운 신임을 얻기까지 하였다고 한다. 그러나 최근에는 『기신론』의 저자인 마명과 시인 마명이 동명이인이라는 설이 설득력을 얻고 있다. 『석마하연론釋摩訶衍論』에는 6명의 마명이 있었다고 하며, 『출삼장기집出三藏記集』에도 2명의 마명이 있었다고 하였다.

『기신론』을 『마명론馬鳴論』이라고 부르는 것처럼 『기신론』의 저자를 마명이라고 보아 온 것은 지금까지의 통설로 되어 있었으나, 어느 마명이냐는 점에서는 아직도 이설이 많이 남아 있다. 마명의 또 다른 저서로 알려진 부처님의 생애를 그린 『불소행찬佛所行讚』이나, 난타가 미인인 부인을 두었는데 아름다운 부인에 대한 애착을 끊고 출가하여 도를 이루는 과정을 설명한 『손타라난타시孫陀羅難陀詩』 등 두 편의 서사시는 시인 마명의 저작이라 하며 『기신론』의 저자와 다른 마명으로 본다는 것이다.

근래에 와서도 『기신론』에 대한 논쟁은 계속되어 왔다. 앞서 말한 원 저자가 누구였냐는 문제와 또 『기신론』이 인도에서 저술된 것이 아니라 중국에서 찬술된 것이라는 주장이 대두되어 이에 대한 논쟁도 계속되어 왔다. 이는 주로 일본의 불교학자와 중국의 불교학자들 사이에 일어난 논쟁으로, 특히 중국에서 근대 신불교 운동을 주도했던 양문회楊文會(1837~1911)와 구양경무歐陽竟無(1871~1943), 태허太虛(1889~1947) 스님 등의 활동 시기에 『기신론』을 둘러싼 다각적인 주장들이 나와 논쟁이 한층 가열되었다.

양문회는 '중국불교 부흥운동의 아버지'로 칭송된 인물이었는데, 그는 일찍이 『기신론』을 읽어 본 것을 계기로 불교 연구에 몰두하여 후에 불교경전을 간행하는 등 불교사상을 선양하는 데 큰 역할을 하였다. 영국에서 막스 뮐러Max Müller(1823~1900)를 만난

적이 있었고 일본의 학자 난죠분유南條文雄(1849~1927)와 편지를 주고받으면서 교류하여 불교 관계 전적들의 많은 자료들을 입수 하기도 하였다.

양문회의 사상은 바로 『기신론』사상을 바탕으로 하고 있는 것 이었다. 그는 『기신론』을 각별히 좋아했으며, "대승불교의 기틀 은 마명에서 열렸다"라고 말했으며 마명종을 제창하기까지 하 였다. 그는 중국에 와 있던 영국인 선교사 리차드 티몬시Richard Timonthy(1845~1919)에게 『기신론』을 선물하고 이를 영역하게 하여 1907년에 상하이에서 『기신론』 영역본이 나오게 하기까지 하였다.

양문회는 『기신론』이 불교를 배우는 최적의 입문서이고, 교문敎 門과 종문宗門을 회통하고 여러 경전들을 통섭하여 포괄하는 대 승불교의 근본이 되는 것이라 하였다. 『능엄경』, 『능가경』, 『화엄 경』, 『법화경』 등 대승경전이 『기신론』을 통달하면 저절로 쉽게 이 해된다고 하였다. 이러한 주장으로 양문회는 『기신론』을 불교의 우수성을 대변하는 중요한 논서로 간주하면서 중국불교의 전통 이 『기신론』을 중심으로 일어난 것이라 하였다. 그는 『기신론』의 주소註疏를 교감 정리하여 불교 연구의 근본을 삼았다.

그는 이미 많이 알려진 『기신론』의 삼대소인 혜원의 『기신론의 소起信論義疏』와 원효의 『기신론해동소起信論海東疏』, 그리고 법 장의 『기신론의기起信論義記』뿐만 아니라 명나라 때 진계가 지은 『기신론찬주起信論纂註』와 덕청이 지은 『기신론직해起信論直解』, 지욱이 지은 『기신론열망소起信論裂網疏』 등을 간행하였고, 만년

에는 수집한 각종 『기신론』 주소를 모아 『대승기신론소해회집大乘
起信論疏解會集』을 간행하였다.

저자著者와
역자譯者

마명이라는 이름에 대하여 『현수소賢首疏』에는 마명이 태어났을
때 말이 감동하여 울었으므로 마명이라 했다는 설과 마명이 거문
고를 잘 탔는데 말이 듣고 슬피 울었다는 설, 그리고 월지국의 왕
이 말 7필을 굶겨 일주일째 되던 날, 마명에게 법좌에 올라 설법
을 하게 하면서 주린 말들에게 먹이를 주었으나 마명의 법문을 들
느라고 먹이를 먹지 않고 눈물을 흘리면서 법문을 들었으므로 마
명이라 했다는 등 여러 가지로 이름의 유래에 대해 설명하고 있다.

『기신론』은 산스크리트어의 원전原典이 발견되지 않고 있는 가
운데 한역본은 두 가지가 있다. 하나는 진제眞諦Paramārtha(499~569)
의 역본이고, 또 하나는 실차난타實叉難陀Śikṣānanda(652~710)의 역
본이다. 이 중에 진제 역을 구역舊譯, 실차난타의 역을 신역新譯이
라 하지만 아직도 진제의 역본이 많이 유통되고 있다.

진제는 서인도 우선니국 바라문 출신으로 양무제가 사신을 부

남부南에 보내어 고승과 대승경전을 모시고자 했을 때 무제의 청에 의하여 546년에 중국에 들어왔다. 처음 해남에 도착했다가 548년 많은 경론을 가지고 건강建康에 이르러 역경에 종사하려 했으나 난리가 일어나 많은 어려움을 겪는다. 후경侯景의 난이 일어나 무제가 유폐되고, 후경이 왕권을 잡았으나 후경마저 살해되는 난리의 소용돌이가 계속되었던 것이다. 할 수 없이 그는 유랑생활을 하면서 제자들을 가르치고 경론을 번역한다.

『기신론』과 무착의 『섭대승론攝大乘論』도 이때의 불우한 환경에서 번역된 것들이다. 그는 한때 자살을 시도하는 등 많은 시련을 겪었으나 64부 278권의 경론을 번역하여 역경의 공로자가 되었으며, 특히 중국불교의 13종 가운데 섭론종攝論宗의 개조가 되었다고 불교사에 기록된다.

신역 『기신론』의 역자 실차난타는 인도 우전국于闐國 출신으로 695년 중국에 들어와 역경사업에 종사했던 역경승이다. 그는 보리유지菩提流支, 의정義淨과 함께 측천무후의 후원을 받아 『화엄경』을 번역한 것으로 많이 알려졌지만 『기신론』, 『입능가경』, 『문수수기경』 등 19부를 번역하였다고 기록되어 전해진다. 20세기 초반에 와서 일본의 불교학자 스즈키 다이세츠와 요시토 하케다 두 사람이 『기신론』을 일본말로 번역하고 이어 영어로 번역하여 서양에도 널리 소개되었는데, 제목이 『The awakening of faith』로 영역英譯되었다.

『기신론』의
줄거리

『기신론』의 내용을 요약하면 일심一心·이문二門·삼대三大·사신四信·오행五行이다. 물론 오행 다음에 '나무아미타불' 염불을 권하는 내용을 추가하여 육자六字를 덧붙이기도 한다. 이 논의 가장 중요한 내용인 일심을 진여문眞如門과 생멸문生滅門으로 나누어 설명하고, 또한 일심이 가진 특성을 체體·상相·용用 삼대의 이론으로 전개하여 궁극적으로 대승大乘에의 믿음을 일으키게 하며, 나아가 실천적 행을 닦도록 한 것이 주요 내용이다.

예로부터 전통이력과정에서 『기신론』을 배울 때 『기신론』의 대의를 "의일심 개이문依一心 開二門"이라 말해 왔다. 마음에 두 개의 문이 있다는 것은 마음의 본체와 본체에서 일어나는 작용을 진여와 생멸로 나누어 한 말이다.

삼대는 마음을 설명하는 세 가지 측면이다. 뿐만 아니라 일체만법도 삼대의 측면에서 설명된다. 체體란 자체, 본체를 일컫는 말이다. 존재하는 사물 그 자체의 본성이라고 할 수 있다. 또한 이것이 바로 대승 자체라고 하였다. 『기신론』의 주제를 세우는 입의분立義分에서 마하연摩訶衍mahāyāna 곧 대승을 총괄적으로 설명하자면 법法과 의義 두 가지로 설명되는데, 법이란 바로 중생의 마음이며, 마음은 일체 시간과 공간적 상황 안에서 일어나는 일이나, 시공을 초월한 모든 법이 마음 안에서 이루어지는 일이라 하였다. 또 참되고 한결같은 진여의 본래 모습이 마하연 그 자체라 하였다. 이 마하연이 지니고 있는 내용의 의미를 설명한 것이 삼대설이다. 일체 법이 참되고 한결같은 진여의 본래 모습이어서 늘어나거나 줄어들지 않아 아무런 차이가 없이 평등한 그 자체가 체대體大이고, 진여가 곧 여래를 갈무리하는 여래장如來藏이 되어서 한량없는 공덕을 모두 갖추고 있는 것이 상대相大이며, 일체 세간과 출세간의 좋은 원인과 결과를 발생하게 하는 것이 용대用大라고 설명하였다.

이 삼대의 의미를 지닌 마음의 법이 바로 대승이다. 이 대승이 모든 중생을 실어 열반으로 운반해 주는 큰 수레이다. 부처님이나 보살들이 이 수레를 타고 활동을 한다고 했다. 『기신론』에서 밝히는 마음의 이치, 그것은 실로 불가사의하고 신비롭다. 이 세상의 모든 사물과 인간의 의식 위에 일어나는 모든 관념적인 것이 마음에 의하여 있게 된다. 다시 말하면, 모든 것이 있게 하는 존재의 원인을 마음이 제공해 준다는 것이다.

사신은 수행신심분에 설해져 있는 내용으로, 정정취正定聚에 들어가지 못한 부정취不定聚 중생을 위하여 설해 놓은 내용이다. 일반적으로 말하는 불법승 삼보 앞에 신근본信根本이라 하여 진여를 먼저 생각하는 것을 둔 것이 『기신론』에서의 믿음의 특징이다. 참되고 한결같은 진여의 법을 즐겨 생각하고, 부처에 한량없는 공덕이 있다는 것을 믿어서 항상 친하게 하고 가까이 하여 공양을 올리고 공경을 하고, 법에 큰 이익이 있음을 믿고 항상 온갖 바라밀을 수행할 것을 생각하고, 승보가 능히 바르게 수행하여 스스로 이롭게 하며, 남을 이롭게 한다는 사실을 믿어서 보살들을 친하게 하고 가까이 하여 실다운 행을 배우는 것, 이것이 네 가지 믿음이다. 이 믿음은 수행자의 신념으로 어떤 의지로 수행에 임해야 하는가 하는 정신과 몸가짐을 밝혀 준 말이다. 이 대목에서 강조한 근본을 믿는다는 것은 매우 중요한 말이다. 이 세상의 모든 사물의 근본이 진여라는 사실을 잊지 않고, 이 근본에 대한 믿음을 확립한 다음에 삼보를 믿게 된다는 것이다. 진여는 곧 참되고 한결같은 중생의 마음이다. 동시에 이는 만물의 근본이다. 이 세상의 모든 사물이 마음에 의해 의식되고 대상화對象化된 것이라는 사실을 알아야 한다. 중생의 미혹에 의해 만물에 대한 차별적 의식이 생길 뿐 근본에 돌아가면 이러한 차별의식이 스스로 소멸된다. 원효 스님은 이 진여가 모든 행위의 근원이기에 근본이라 한다 하였다.

사신에 이어 설해지는 오행은 보살도 실천의 육바라밀을 선정과 지혜를 묶어 지관止觀으로 말해 오문五門으로 수행문을 예시

하였다. 시문施門·계문戒門·인문忍門·진문進門의 네 문은 보살도 실천의 상례가 되는 수행법이다. 보시를 하여 남에게 은혜를 베풀고, 계율을 잘 지켜 도덕적 모범을 보이고, 인욕의 정신으로 스스로를 조복하며, 부지런한 근면정신으로 꾸준히 정진해 나가는 수행자의 태도에 허물이 나타나지 않게 한다. 이러한 일반적이고 보편적인 수행의 원칙 위에 『기신론』에서는 특별히 지관문止觀門을 강조하였다.

지관은 선정과 지혜를 합친 말이나 선 수행에서 말하는 정혜定慧를 일컫는 말이다. 범어의 사마타samatha를 번역하여 지止라 하고, 비바사나vipaśayana를 관觀이라 번역했다. 지란 객관 경계에 대한 반연을 쉬는 것을 말한다. 바람이 그치면 파도가 멈추는 것처럼 경계의 반연이 끊어져, 보아도 봄이 없고 들어도 들음이 없는 경지로 식심분별이 없는 상태이다. 번뇌를 야기하는 바깥 경계의 모든 대상은 결국 분별로 말미암아 나타나는 것이므로, 지혜로서 그와 같은 바깥 경계의 다양한 모습들을 소멸해 버리면 번뇌의 모습들이 없어지고 분별하는 대상이 없어지게 된다. 곧 무분별이 되므로 그친다는 뜻인 지止라 하는 것이며, 관은 인연에 의해 생겼다 소멸하는 현상을 관찰하는 것으로 이것은 생멸문 쪽에서 후득지後得智를 얻어내는 것을 이르는 말이다. 앞에서 말한 진여문에서 모든 경계의 대상에 대한 것을 그쳐 분별하는 바가 없는 데서 무분별지가 얻어지고, 동시에 관에 의한 후득지가 나타나 근본지와 후득지가 합해져서 하나의 지혜 덩어리가 되는 것이다. 정혜쌍수定慧雙手라는 말처럼 『기신론』에서는 지와 관을 동시에 닦기를 권한다.

　『기신론』은 깨달음을 얻는 데 있어서 이 지관이 중추적인 역할을 한다고 밝히고 있다. 『능엄경』의 변마장辨魔章처럼 『기신론』에서도 지관을 닦을 때 나타나는 마사魔事를 밝히고 있다. 지관을 닦아 삼매를 이루어 법계가 하나의 모습임을 알게 되는데, 모든 부처님과 중생의 몸이 똑같아지는 일행삼매一行三昧를 얻어 점점 한량없는 삼매를 얻게 되는데 이때 선근善根이 부족한 사람들은 자칫 마사가 나타나는 마군의 경계에 혹하는 수가 있다고 했다.

　육자의 법문에 대해서는 마음이 나약하여 근기가 떨어지는 사람들을 위하여 특별히 염불을 해서 서방 극락세계에 왕생하여 바른 선정에 들어갈 수 있다는 특별한 방편을 설해 보인 내용이다. 이상으로 『기신론』의 주요 내용을 요약하였다.

『기신론』의
구조

마명은 『기신론』을 지으면서 먼저 귀명게歸命偈를 쓰고 중요한 본
론을 다섯 분으로 나누었다. 인연분因緣分, 입의분立義分, 해석분
解釋分, 수행신심분修行信心分, 권수이익분勸修利益分의 5분으로
논을 구성하고 있다. 끝에 회향게廻向偈를 붙여 마무리를 했는데
이를 큰 과목科目으로 말하여 서분序分, 정종분正宗分, 유통분流
通分의 3분으로 구분 짓는 종래의 방식대로 맞춰 보면, 귀명게를
설한 서두의 부분을 귀경술의歸敬述意라고 과목하여 서분을 삼
고, 다음 정종분이라 할 수 있는 대목을 정립논체正立論體라고 하
고, 유통분에 해당하는 회향게 부분을 총결회향總結廻向이라고
하였다. 물론 소가疏家에 따라서 앞과 뒤의 두 게송을 떼고, 5분
에서 인연분을 서분으로 권수이익분을 유통분으로 보는 예도 있
다. 지욱 스님의 『열망소裂網疏』가 그러하다.

　본론에 해당하는 정립논체에서 5분이 나누어진다. 인연분은

논을 지은 이유를 밝히는 대목인데, 8가지 이유가 되는 인연이 있어 논을 짓는다고 밝히고 있다. 입의분이란 논의 주제를 세우는 대목을 말하고, 해석분은 입의분에서 제시된 주제를 자세히 해석하고 있다. 주제에 대한 해석을 마치고 어떻게 믿는 마음을 내어 수행할 것인가에 대해 말하는 부분이 수행신심분이다. 그리고 수행을 권하면서 그 이익을 말하는 부분이 권수이익분이다.

이상의 5분으로 설해지는 『기신론』의 내용은 대승의 근본 대의를 밝히면서 대승불교사상의 양대 조류라 할 수 있는 중관사상中觀思想과 유식사상唯識思想을 포함하여 여래장사상如來藏思想까지 종합하여 논하고 있다. 『대승기신론』이 다른 논서와 다른 점은 특정 경전에 대한 한정된 논술이 아니라 대승의 사상들을 종합하여 논했다는 측면이다. 물론 『능가경楞伽經』의 내용을 많이 인용하여 『능가경』의 별신서別伸書라는 말이 생기기도 했지만, 『기신론』처럼 대승의 대의를 포괄적으로 논한 논서는 드물다.

예로부터 『기신론』의 내용을 요약 정리하여 불교일반 법수행상法數行相과 관련지어 회통 설명한 것을 『대총상법문』이라 하여 『기신론』을 공부하는 데 이용해 왔다. 대총상大總相이란 『기신론』에서 말하는 진여眞如의 실체를 가리키는 말로, 일체를 두루 포섭하는 절대무한의 집합된 모습이라는 뜻이다. 『기신론』 본문에서 말하기를 "마음의 진여는 곧 일법계 대총상의 법문의 체이다 (心眞如者 卽是一法界大總相法門體)"라고 하였다. 이는 진여는 한없이 광대하여 일체를 포함하므로 대大라 표현하고, 그러면서도 전체가 하나로 통일되어 일미평등一味平等하여 아무 차별이 없으므로, 이것을 하나로 어울러 집합된 모습인 총상總相이라 했다. 법문이란 수행자의 궤범이 되고, 또 이 법을 수행하는 것이므로 진리 그 자체를 가리키는 말로 법法이라 하며, 이를 통해 열반에 들어가므로 문門이라 하는 것이다. 여기에 체體 자를 붙여 마음의 진여가 곧 법 자체임을 밝힌다.

또 「대총상법문체」라는 제목을 붙여 『기신론』에 대한 요의를 나타내는 606자로 구성된 논문을 통해 『기신론』을 이해하게 하였다. 이 논문이 언제, 누구에 의해서 작성되었는지는 밝혀지지 않는다. 다만 조선 후기의 묵암최눌黙庵最訥(1717~1790)이 〈대총상법문도大總相法門圖〉라는 도표를 만들었는데, 한국불교전서 10권의 『제경회요諸經會要』에 수록되어 있다.

『기신론』을 주석한
여러 소가들

고래古來로 『기신론』에 대한 주석서도 많이 나왔다. 현대에 와서 번역되거나 연구된 것을 제외하고 1930년대까지 한·중·일 동양 삼국에서 간행된 것만 하여도 200여 종에 이른다. 특히 불교학이 발달된 일본에서 간행된 『기신론』 연구서만 하여도 최근까지 200여 종이 넘는다고 한다. 이처럼 많은 연구가 시도되고 있다는 점은 바로 『대승기신론』이 대승불교의 중요한 텍스트라는 점을 인식하고 있다는 증거가 되는 일이라 할 수 있다.

최초의 『기신론』 주석서는 중국의 수나라 때 담연曇延(516~588)이 지은 것으로 『대승기신론의소大乘起信論義疏』이다. 그는 처음 『열반경』 연구에 몰두하여 『열반경소』를 짓기도 하였는데, 잠을 자다 꿈에서 마명을 만났다는 설화가 있다. 꿈에 흰 옷을 입은 사람이 백마를 타고 나타나 그에게 『열반경』의 근본을 가르쳐 주었다는 것이다. 이 사람을 담연은 마명보살이라 생각하여 그가 『기신론』의 저자임을 믿고서, 『열반경』의 대의와 『기신론』의 대의가 서로 상통함을 발견하고 『기신론』의 소를 짓는 실마리를 찾아낸다. 『열반경』의 중요한 대의가 일체 중생이 모두 불성을 가지고 있다는 '일체중생실유불성一切衆生悉有佛性'설이다. 이는 『기신론』의 진여설과 그대로 상통하는 내용이다. 누구나 부처가 될 수 있다는 논리는 『열반경』과 『기신론』을 통하여 당시 중국 사회의 많은 사람들에게 새롭게 소개된 것이다. 담연에 의하여 『기신론』의 가르침이 당시 중국 사회에 널리 퍼지게 되었다고 학자들은 밝히고 있다.

담연은 북주北周 문제文帝의 귀의를 받아 한때 국통國統으로 있었던 스님이다. 그러나 후에 무제武帝의 폐불사태廢佛事態가 일어나 태행산太行山에서 숨어 지내기도 한다. 이때 그는 『기신론』의 서문인 귀명게를 읽으며 불교가 쇠망할까 안타까워하여 불교 중흥의 의지를 다지며, 불교가 다시 일어나기를 간절히 갈구하며 법을 펴고자 하는 서원을 세웠다. 그러다가 수隋나라 문제文帝 때, 황제를 만나 불교를 부흥해 주기를 청하였는데, 황제가 그를 신임하여 4,000여 명의 승려를 지도하게 한 적이 있다. 그가 지은 『열반소』는 일부분만 전해지고 『기신론소』는 상·하 2권으로 되어 있었는데, 하권이 없어지고 현재 상권만 전해지고 있다.

담연과 같은 시대의 지개智愷(518~568)도 『기신론소』를 지었다. 그는 『기신론』의 주註와 소疏, 그리고 『일심이문대의一心二門大意』, 『소주본교합疏註本校合』 등 4개의 저술을 했다고 하지만 『신편제종교장총록新編諸宗敎藏總錄』에 이름만 남아 전할 뿐이다.

혜원慧遠(523~592)이 지은 『대승기신론의소大乘起信論義疏』는 예로부터 여러 소들 가운데 삼대소三大疏에 들어갈 정도로 유명한 소로 알려져 왔었다. 그가 정영사淨影寺에 머물러 있었으므로 정영이 호가 되어, 그의 소를 '정영소淨影疏'라고 부르기도 하였다.

똑같은 이름의 『대승기신론의소』를 당의 화엄 2조 지엄智儼(602~668)이 지은 것도 있었지만 남아 전하지 않는다. 『담연소』와 『정영소』, 그리고 지엄의 소가 똑같은 이름의 기신론의소이다.

혜원은 원래 선법禪法을 열심히 닦아 이름이 알려진 승조僧稠(480~560)의 제자였다. 승조는 달마가 중국에 오기 이전의 선법인 선관禪觀을 닦아 선승으로 이름이 나 있던 스님이다. 이 승조에게 와서 법을 구한 사람이 혜원이었다. 혜원이 선관을 닦다가 『기신론』의 '심진여心眞如'라는 말에 매료되어, 관법 중에 진여의 의미를 깊이 음미하고 일체 망념이 없어지면 바로 그것이 진여라는 것을 터득하였다 한다. 그의 『기신론소』에는 "심법 가운데 망妄이 없어진 것을 진眞이라 한다(心法中無妄故 是謂眞)"는 구절이 있다.

혜원은 한때 경전을 열심히 독송하였는데, 『법화경』과 『유마경』을 1,000번씩 읽었다 한다. 그렇게 경을 열심히 수지 독송한 덕분에 그는 호법의 서원을 크게 세워, 북제北齊를 멸망시킨 북주의 무제가 폐불정책을 펴 불교를 탄압할 때 무제에게 불교를 탄압하지 말 것을 충고했다. 어느 누구도 감히 말하지 못하던 불교탄압 중지를 결연히 요청하여 주위를 감동케 했다는 것이다.

삼대소 가운데『정영소』다음에 나온 것이 그 유명한 우리나라의 원효元曉 스님이 쓴『해동소海東疏』이다. 원효의『해동소』는 현수賢首가『기신론의기起信論義記』를 지을 때 많은 참고를 했을 정도로『기신론』의 소 가운데 가장 탁월한 소라고 평가받고 있다.

　중국이나 우리나라 불교사에서 경·율·론 삼장에 걸쳐 가장 많은 저술을 남긴 이가 원효 스님이다. 조명기 박사가 편찬한 원효대사전집 목록에 의하면, 총 91종의 저서 이름이 있고, 현존하는 것은 경에 관한 것 9종, 율에 관한 것 2종, 논에 관한 것 4종, 기타 5종 등 20부 23종이 남아 전한다 하였다.『삼국유사』에 전해지는 원효 스님에 대한 기록은 여러 가지 설화가 있다. 그 가운데 원효 스님과 혜공惠空 스님에 대한 이야기가 있는데, 원효 스님이 여러 주와 소를 쓰다가 혜공 스님에게 물어서 의심을 해결했다고 한다. 이런 점에서 보면 혜공 스님은 원효 스님을 가르친 스승의 역할을 한 셈이 된다.

　원효 스님은 기신론소 외에도『기신론별기起信論別記』를 지었다.『기신론』에 관한 원효 스님의 저술이 종요宗要, 소문疏文, 대기大記, 요간料揀 등 6종이 있었으나 현재까지 전해지는 것은 소와 별기 두 가지이다. 원효 스님의 소는 먼저 종체를 나타내고, 다음 제목의 이름을 해석하고, 그리고 본문을 한 구절씩 해석해 나가는 방법을 취하고 있다. 일반적으로 대승을 소승과 상대되는 개념으로 이해하고 있지만,『기신론』에서 내세우는 대승은 대·소승의 상대개념이 아니다. 원효 스님은 별기에서 대승의 종체를 설명하면서 "이치가 없는 것이 지극한 이치이고, 그렇지 않은 것이 크게 그러한 것(無理之至理 不然之大然)"이라는 특이한 표현을 하여 대승을 설명하였다. 원효 스님의 소와 별기에서 나타난 『기신론』 이해의 특징은 공空을 주장한 중관사상이나 식識을 내세운 유식사상을 어느 한쪽에 치우치지 않고 종합 회통하여 진속불이眞俗不二의 관점에서 『기신론』을 이해한 점이다.

원효 스님이 입당유학入唐留學을 하려고 길을 떠났다가 도중에 노숙을 하면서 촉루수髑髏水를 마셨다는 유명한 일화를 통해 원효 스님이 유심대의唯心大義를 터득했다고 알려져 있듯이, 진속불이眞俗不異의 관점이 곧 유심대의와 상통한다고 볼 수 있다. 각범혜홍覺範慧洪(1071~1128)의 『임간록林間錄』에 수록되어 있는 원효 스님의 촉루수 설화에는, 밤중에 모르고 마셨던 해골 물로 갈증을 풀었는데 다음 날 날이 밝아 해골 물을 마셨다는 사실을 알고는 속이 메스껍고 구토가 올라오려는 것을 느끼는 순간, 모든 것이 마음의 조작이라는 일체유심조一切唯心造의 도리를 깨달았다는 것이다.

心生則種種法生 심생즉종종법생

心滅則種種法滅 심멸즉종종법멸

三界唯心 萬法唯識 삼계유심 만법유식

心外無法 胡用別求 심외무법 호용별구

我不入唐 아불입당

마음이 생기면 가지가지 법이 생기고,

마음이 없어지면 가지가지 법이 없어진다.

삼계가 오직 마음뿐이요 만법도 오직 식일 뿐이라

마음 밖에 법이 없거늘 어찌 달리 구할 것이 있으랴.

내 이제 당나라에 갈 필요가 없구나.

『능가경』의 한 구절을 외우던 원효 스님은 이렇게 독백하고 입당을 포기하고 신라로 돌아오고 말았다.

서분
序分

1

삼보에 귀의하며
논을 짓는 뜻을 밝히다

귀경술의 歸敬述意

歸命盡十方의 最勝業으로 徧知하시며 色無碍自在하신 救世大
悲者와 及彼身體相이신 法性眞如海의 無量功德藏과 如實修
行等하옵나니 爲欲令衆生으로 除疑捨邪執하고 起大乘正信하야
佛種不斷故니다.

온 시방의 가장 훌륭한 일을 하시고, 모든 것을 아시며, 색신이
걸림 없이 자유자재하여 세상을 구원하는 대비하신 분과 그리고
그 몸의 본체[體(체)]와 나타나는 모습[相(상)]이신 법성진여해의 한
량없는 공덕의 갈무리와 여실히 수행하는 이들에게 몸과 마음을
바쳐 돌아가나이다.

중생들로 하여금 의심을 제거하여 그릇된 집착을 버리고 대승
에 대한 바른 믿음을 일으키게 해 부처의 씨앗이 끊어지지 않게
하려 하나이다.

【해설】

귀명게歸命偈라고도 하는 귀경술의분의 내용은 논을 지은 논주論主가 불법승 삼보에 귀의하면서 논을 짓는 뜻을 서술하고 있다. 귀명이란 '귀의歸依'라는 말과 같은 뜻이다. 이 말은 돌아가 의지한다는 것으로 범어의 나마스namas를 그대로 음사音寫하여 말할 때는 나무[南無]라고도 한다. 부처님 진체眞體인 법신法身이 온 시방에 가득하며 가장 훌륭한 신구의 삼업三業을 가졌으므로 최승업이라 하였다. 이는 가장 빼어나고 훌륭한 일을 한다는 뜻이다. 이 귀명삼보의 문장을 뜻으로 풀이하여 옮긴 기존의 표현은 아래와 같다.

목숨을 들어 돌아가나이다.

언제 어디서나 가장 훌륭한 일을 하시며,

두루 모르시는 바 없이 다 아시며,

그 인간성 자유자재하시고

세상을 구하고자 큰 자비를 베푸시는 분이시여!

목숨을 들어 돌아가나이다.

그 지혜롭고 자비로운 분의 몸이여.

그 몸의 모습이여.

참되고 영원한 저 바다와 같은 진리여!

목숨을 들어 돌아가나이다.

헤아릴 수 없이 많은 공덕의 씨앗이여.

있는 그대로, 그리고 모든 것 속에서

생활하는 그 숱한 구도자들이여!

삼보에 대한 신심의 극치가 표현되어 있다. 모든 중생들이 몸과 목숨을 의탁하는 부처님, 이 부처님에 대한 설명이 무척 간명하고 심오하다.

부처가 무엇인가? 다시 말해 부처님은 어떤 분이신가?

1. 언제 어디서나 온 세상에서 가장 훌륭한 일을 하시는 분이시다[盡十方最勝業(진시방최승업)].

시방이란, 동남서북과 간방間方인 사유四維 그리고 상하의 열 방향을 합한 것으로 공간 전체를 지칭하는 말이다. 시방세계 또는 삼천대천세계 등 경전에 자주 나오는 이 말은 온 세상 곧 우주 전체를 나타낸다. 이 시방이라는 말에 삼세를 붙여 시방삼세라고 하면 공간과 시간을 합친 말이 된다. 과거·현재·미래의 모든 시간, 다시 말해 영원무궁한 시공 속에서 가장 훌륭한 행위를 베푸는 자가 바로 부처님이시다.

2. 두루 모든 것을 다 아는 지혜로운 분이시다[徧知(변지)].

지혜 자체에 인격적 의미를 부여하여 의인화擬人化한 것이 부처이다. 이른바 진리의 몸이라고 부르는 부처님 법신은 세상의 모든 이치에 통해 있으므로 언제나 모르는 상태가 될 수 없다. 따라서 부처님의 지혜로운 활동은 언제 어디서고 일어나고 있는 것이다. 여기서 안다는 것은 깨달은 지혜, 곧 범어 프라즈나^{prajna}로 아는 것이다. 음역하여 반야般若라고 하는 이 지혜가 세상 어디에든지 없는 데가 없으므로 변지偏知가 되는 것이다. 또한 이 지혜는 항상 자비와 함께한다. 뭇 생명을 보호해 주며 나와 너의 대립을 극복, 이 세상을 평화롭게 하는 것이 지혜요, 자비이다.

3. 신체적 활동에 장애가 없는 자유자재하신 분이다[色無碍自在(색무애자재)].

부처님의 색신色身은 완성된 모양과 빛깔로 이루어져 지극히 선하고 아름다운 것이다. 때문에 신체적 활동에 어떤 장애가 없으며 어떤 상황의 구속을 받지 않는다. 시간적으로 한정되거나 공간적으로 한정된 범위를 가지고 움직이지 않는다는 뜻이다. 하늘에 떠 있는 달이 강물마다 그림자를 나타내듯이 중생세계에 나타나는 부처님께서도 언제 어디서나 자유롭게 거침없는 활동을 펴신다.

4. 세상을 구원해 주는 대자비大慈悲의 주인공이시다.

부처님의 마음은 대자대비의 마음이다. 동체대비同體大悲를 실천하여 모든 중생의 괴로움을 없애 주려는 원력願力을 가지고 계신다. 또한 뭇 생명의 의지처가 되어 환자의 병을 보살펴 주는 훌륭한 의사의 역할을 해 주신다. 나와 남을 구별하지 않고 서로가

한 몸이라고 생각하는 대비심을 동체대비라 한다. 어두운 밤에 등불이 되어 온 누리를 밝혀 주는 것이 부처님의 지혜와 자비의 광명이다.

귀명게에서 이렇게 부처님을 묘사한 것은 부처님의 공덕을 함께 찬탄하기 위해서다.

2

법이 있다 하고
다섯으로 나누어 설하다

표본개장 標本開章

論曰 有法이 能起摩訶衍信根일새 是故로 應說이니라. 說에 有五
分하니 云何爲五오. 一者는 因緣分이요. 二者는 立義分이요. 三者는
解釋分이요. 四者는 修行信心分이요. 五者는 勸修利益分이니라.

논하여 말하자면, 마하연에 믿음을 일으키게 하는 법이 있으
므로 이를 응당 설하겠다. 설하는 데 있어서 다섯으로 나누니 첫
째는 인연을 말하고, 둘째는 주제를 세우고, 셋째는 해석을 하고,
넷째는 믿는 마음을 내어 수행을 어떻게 하는가를 말하고, 다섯
째는 닦기를 권하면서 이를 수행하면 얻게 되는 이익에 대하여
말하고자 한다.

【해설】
마하연의 믿음의 뿌리를 일으키는 법이 있어서 그것을 논하여

설명하겠다는 서두의 말은 참으로 중요한 발표다. 법이 있다[有法 (유법)]. 법이 있으므로 이 세상이 존재하고 중생이 있는 것이다. 앞 귀명게에서 부처님이 어떠한 분인가를 말하고 난 후 이 대목에서는 부처님이 깨달은 법이 있다는 것을 소개한다. 그리고 그것을 설명 해 가는 데 있어 다섯으로 나누어 각 분의 제목을 먼저 말하였다.

논이란 원래 삼장 가운데 논장論藏Abhidharma-piṭaka을 일컫는 말 로, 부처님이 설한 경전의 뜻을 보충 설명하면서 법의 행상을 밝 혀 놓은 것이다. 대승에 대한 믿음을 일으키게 하는 법을 논술하 여 부처님 가르침의 참뜻을 바로 알게 하겠다는 논주 자신의 의 지를 밝히면서, 이『대승기신론』의 내용을 전개하려 하는 것이다.

마하연은 mahāyāna를 음사한 말로 '대승大乘'의 어원이다. 이 대승의 믿음을 일으키는 법이 있다 했는데 그 법이 무엇인가?

부처님이 스스로 깨닫고 또 중생들을 깨우치기 위해서 설한 법, 곧 참된 이치를 다르마dharma[達磨(달마)]라고 하였다. 이 '다르 마'를 중국에서 '법'이라 번역하였다. 불교의 원 어원도 '붓다 다르 마Buddha dharma'이다. 어원에 충실하게 번역하려면 불법佛法이 더 정 확하지만 통상적인 종교의 한 이름으로 불교佛教라고 해 온 것이 다. 범어 dharma의 본뜻은 존재의 본질을 유지維持하는 것, 질서 秩序 지우는 것이라고 한다. 초기경전 가운데 나오는 부처님 말씀 에 이런 말이 있다. "내가 이 세상에 나기 전에도 법은 있었고, 내 가 죽은 후에도 법은 그대로 남아 있을 것이다". 또 "이 세상이 그 렇게 되게끔 되어 있는 것, 그것이 법이다".

그러나 후대에 와서 이 법이라는 말이 다양한 의미의 뉘앙스를 풍기는 말이 되었다. 물론 부처님의 교법이라 할 때의 법이 있는가 하면, 이 세상에 존재하는 하나하나가 모두 법이라고 할 때의 법이 있다. 즉, 전자의 경우는 상위개념으로서 총체적인 법인데, 범어로 표기할 경우는 대문자 Dharma로 적는다. 후자는 하위개념으로서 낱낱의 개념들을 나타내는 법인데 이때에는 소문자 dharma로 표기하여 양자를 구분한다.

어떻든 법이란 정신적인 현상과 물질적인 현상 전부를 포함하는 범주category를 가지고 있는 말일 뿐만 아니라 하나의 대상對象, 사물事物, 실재實在, 또는 개념概念 등의 뜻을 함께 포함하고 있다. 이 법을 소승에서는 오위五位 75법, 대승에서는 오위 100법으로 행상行相을 구분하고 있다. 오위란 색법色法, 심왕법心王法, 심소유법心所有法, 불상응행법不相應行法, 무위법無爲法의 다섯을 말한다. 그러나 궁극적으로 법이란 법의 본성本性, 곧 법성法性을 말하는 것이다. 이 법을 얻었을 때 열반涅槃nirvāna에 들었다, 혹은 해탈解脫mokṣa을 이루었다고 한다. 열반과 해탈은 깨달음을 성취한 동일한 상태이나, 이들이 지닌 말맛의 차이를 '평화'와 '자유'라는 현대적 언어로 대치할 수 있다.

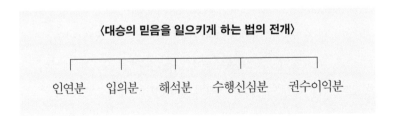

〈대승의 믿음을 일으키게 하는 법의 전개〉

인연분   입의분   해석분   수행신심분   권수이익분

정종분
正宗分

인연분

因緣分

3

논을 짓는
8가지 인연을 말하다

인연분 因緣分

初說因緣分하리라. 問曰 有何因緣하야 而造此論고. 答曰 是
因緣이 有八種하니 云何爲八고. 一者는 因緣總相이니 所謂爲
令衆生으로 離一切苦하고 得究竟樂이언정 非求世間名利恭敬
故요. 二者는 爲欲解釋如來根本之義하야 令諸衆生으로 正
解不謬故요. 三者는 爲令善根成熟衆生으로 於摩訶衍法에
堪任不退信故요. 四者는 爲令善根微少衆生으로 修習信心
故요. 五者는 爲示方便하야 消惡業障하고 善護其心하야 遠離
癡慢하고 出邪網故요. 六者는 爲示修習止觀하야 對治凡夫二
乘의 心過故요. 七者는 爲示專念方便하야 生於佛前하야 必定
不退信心故요. 八者는 爲示利益하야 勸修行故니 有如是等
因緣일새 所以造論이니라.

먼저 인연에 대해서 말하리라. 누가 묻기를 무슨 인연이 있어서

이 논을 짓는가 한다면 이렇게 답하리라.

여덟 가지 인연이 있으니, 하나는 인연을 총괄적으로 말하는 것으로 이른바 중생들로 하여금 일체의 고통을 여의고 더없는 즐거움을 얻게 하기 위해서요, 세상에 명예를 얻는 이익이나 남으로부터 공경을 받기 위한 의도가 아니다. 둘은 여래의 근본 뜻을 해석해서 중생들이 바르게 알게 하여 그릇되지 않도록 하기 위해서이다. 셋은 선근이 성숙한 중생들에게 대승의 법을 감당해 맡도록 해서 믿음이 물러나지 않게 하기 위해서이다. 넷은 선근이 미미하고 적은 중생들에게는 신심을 닦아 익히도록 하기 위함이요, 다섯은 방편을 보여 나쁜 업장을 소멸시키고 마음을 잘 단속하여 어리석음과 아만을 제거하여 그릇된 경해經解의 그물에서 벗어나게 하기 위해서이다. 여섯은 지관을 닦아 익히는 것을 보여서 범부들의 마음과 이승들의 마음의 허물을 다스리기 위함이요, 일곱은 오로지 염불하는 방편을 보여 부처님 세계에 태어나서 결코 신심이 허물어지는 일이 없도록 해 주기 위해서이다. 여덟은 이익이 있음을 보여 수행을 권하기 위해서이다. 이러한 인연들이 있기에 이 논을 짓게 되었다.

【해설】

『기신론』을 짓는 이유를 8가지로 제시하면서 먼저 전체적인 이유를 인연총상으로 말하고 다음에 하나하나 이유를 나누어 별도로 말하였다. 어떤 동기에서 『기신론』을 짓는가? 논주, 곧 저자의 마음이 바로 대승의 정신에 입각해 있음을 알 수 있다. 중생, 곧 "뭇 생명 있는 자들로 하여금 의혹을 없애고, 그릇된 고집을 버리게 하며, 대승에 대한 올바른 믿음을 일으켜 깨닫는 자가 계속하여 나오게 하기 위함이다"라고 하였다. 달리 말하면 대승의 믿음을 일으키는 법을 소개하고 법을 알게 하기 위해서라는 것이다. 일곱 번째의 전념방편이란 '나무아미타불' 염불을 하는 것을 말한다.『기신론』의 내용을 ① 일심一心 ② 이문二門 ③ 삼대三大 ④ 사신四信 ⑤ 오행五行 ⑥ 육자六字로 요약하여 수(一, 二, 三, 四, 五, 六)를 들어 말하기도 한다. 여기서 '6'은 '나무아미타불'의 여섯 글자이다.

4

이의를 제기하는
질문에 답하다

문답조론의 問答造論意

問曰 修多羅中에 具有此法이어늘 何須重說고. 答曰 修多羅
中에 雖有此法이나 而衆生根行이 不等하고 受解緣別하니 所
謂如來在世에는 衆生利根하고 能說之人의 色心業勝하야 圓
音一演에 異類等解할새 則不須論이어니와 若如來滅後에는 或
有衆生은 能以自力으로 廣聞而取解者하며 或有衆生은 亦以
自力으로 小聞而多解者하며 或有衆生은 無自心力하야 因於廣
論而得解者하며 亦有衆生이 復以廣論의 文多로 爲煩하고 心
樂總持小文이 而攝多義하야 能取解者하니 如是此論은 爲欲
總攝如來廣大深法의 無邊義故로 應說此論이니라.

누가 묻기를 "경 가운데 이미 이 법이 설해져 있거늘 어찌 거
듭 설하려 하는가?" 한다면 이렇게 답하리라.

"경 가운데 비록 이 법이 있으나 중생들의 능력과 실천력이 개

인차가 있기에 수용하여 이해하는 사정이 다르다. 여래가 세상에 계실 적에는 중생들의 능력이 예리하고 설해 주는 부처님의 신체적·정신적 활동이 빼어나 원만한 음성으로 한번 연설하시면 여러 다른 종류의 중생들이 똑같이 이해하므로 논을 필요로 하지 않지만, 여래가 열반에 드신 후에는 혹 어떤 중생은 널리 많은 설명을 듣고서 이해하는 자가 있으며, 혹 어떤 중생은 자신의 능력으로 조금만 듣고도 많은 것을 이해하기도 하며, 혹 어떤 중생은 이해하는 능력이 부족해서 폭넓게 자세히 설명한 논서로 인하여 이해하기도 한다. 또 어떤 중생들은 널리 자세히 논한 글의 양이 많은 것을 번거롭게 여겨 압축된 언어로 많은 설명의 뜻이 내포된 것을 좋아해서 이를 쉽게 이해하기도 한다. 이렇기 때문에 이 논은 여래의 광대하고 심오한 법의 끝없는 뜻을 모두 거두어 포함하기 위해서 설한다."

【해설】

인연분에서 밝힌 논을 짓는 뜻을 보충하여 더 설명한 대목이다. 어떤 이가 이의를 제기함을 가정하여 답하는 형식을 취하고 있다. 석가모니부처님께서 세상에 살아계실 때에는 논이 필요하지 않을 수 있으나 부처님의 입멸 후에는 중생들의 근기가 다르고 부처님 설법을 이해하는 인연의 경우가 다르기에 논을 필요로 하는 경우가 많다는 이유를 제시하고 있다. 색심色心의 업이 수승하다는 말은 부처님의 색신[色(색)]이 걸림이 없으므로 신업이 수승한 것이요, 마음[心(심)]으로 일체를 두루 아시므로 의업이 수승한 것이다. 그리고 원음圓音이란 부처님의 법문이 어느 중생에게도 들리지 않는 경우가 없기 때문인데, 곧 부처님의 말씀은 모든 중생들이 각자가 사용하는 개별적인 언어로 다 알아듣게 하는 특별한 능력이 있다고 한다. 여러 종류의 중생들이 다 각각 이해하니 이는 부처님의 구업이 수승한 것이다.

정종분
正宗分

입의분
立義分

5

논의 주제를 내세우다

입의분 立義分

已說因緣分하니 次說立義分하리라. 摩訶衍者는 總說有二種
하니 云何爲二고 一者는 法이요, 二者는 義니라. 所言法者는 謂
衆生心이니 是心이 則攝一切世間法出世間法이라. 依於此心
하야 顯示摩訶衍義하나니 何以故오 是心眞如相이 卽是摩訶
衍體故며 是心生滅因緣相이 能示摩訶衍의 自體相用故니라.
所言義者는 則有三種하니 云何爲三고 一者는 體大니 謂一切
法이 眞如平等하야 不增減故요, 二者는 相大니 謂如來藏이 具
足無量性功德故요, 三者는 用大니 能生一切世間出世間善
因果故라. 一切諸佛이 本所乘故며 一切菩薩이 皆乘此法하야
到如來地故니라.

  이미 인연에 대해 말했으니 다음 주제를 세우리라. 대승은 2가지
측면에서 설명할 수 있다. 하나는 법法이고 또 하나는 의義이다.

법法이라는 것은 다름 아닌 중생의 마음을 말한다. 이 마음이 곧 모든 세간과 출세간의 법을 거두어들인다. 이 마음에 의하여 마하연 곧 대승의 뜻을 나타내 보이게 된다. 왜냐하면 이 마음의 참되고 한결같은 진여眞如의 모습이 바로 대승 그 자체이며, 이 마음이 생겼다 사라지는 생멸生滅의 원인과 조건들의 모습이 바로 대승 그 자체이면서 그 모습이요, 또한 그 작용이기 때문이다.

의義라는 것은 세 가지로 설명된다. 첫째, '자체가 크다'는 체대體大이니, 모든 법이 진여 그대로 평등해서 늘어나거나 줄어들지 않기 때문이다. 둘째는 모양 그대로가 크다는 상대相大이니, 여래장如來藏이 한량없는 성품의 공덕을 갖추고 있는 것을 말한다. 셋째는 작용이 크다는 용대用大이니, 능히 일체 세간과 출세간의 착한 선법의 원인과 결과를 내기 때문이다.

모든 부처님들이 본래 탔던 것[乘(승)]이며, 모든 보살들도 모두 이 대승의 법을 타고서 여래의 지위에 이르게 된다.

【해설】

여기서 대승의 법法과 의義를 정립하여 체·상·용 삼대를 이야기하고 있다. 대승 자체가 무엇이냐 할 때 그 자체가 '법'이라는 것이고, 그 대승이 어떤 의미를 가지고 있느냐 하는 것이 '의'이다. 논주論主인 마명은 『기신론』의 근본 핵심이 되는 말을 바로 '법은 중생의 마음'이라고 하였다. 마음이 곧 일체 시간과 공간 속에 일어나는 현상인 세간법과 시간과 공간을 초월하는 출세간법을 거두어들인다고 하였다. 이 말은 대승의 근본 교의에 해당한다. 마음을 진여와 생멸의 두 가지 면으로 나누어 마음의 본체가 일체의 사물과 더불어 있으며, 그것이 영원하고 무한하여 절대 평등하며 언제나 한결같아 느는 일도 줄어드는 일도 없기에 모든 차별을 떠나 있는 것을 본체가 크다는 체대體大로 설명한다. 마음 자체가 여래를 갈무리하고 모든 일을 성취하는 공덕을 갖추고 있다는 것을 마음의 본래 크고 큰 모습이라 하여 상대相大라 하고, 다시 일체 세간과 출세간의 좋은 원인과 결과를 발생케 하는 것을 마음의 위대한 본래 작용이라 하여 이것을 용대用大라 하였다.

이 삼대의 의미를 지닌 마음의 법이 바로 대승, 곧 모든 중생을 실어 열반으로 운반해 주는 큰 수레이며, 부처님과 보살이 본래 이 수레를 탄다고 하였다. 마음의 이치, 그것은 실로 불가사의하고 신비롭다. 이 세상의 모든 사물과 인간의 의식 위에 일어나는 모든 관념적인 것이 마음에 의하여 있게 된다. 다시 말하면 모든 것을 있게 하는 존재의 이유를 마음이 제공해 준다는 것이다.

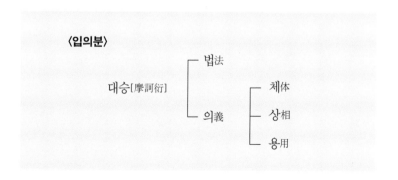

〈입의분〉

대승[摩訶衍] ─┬─ 법法
              └─ 의義 ─┬─ 체体
                      ├─ 상相
                      └─ 용用

정종분
正宗分

해석분
解釋分

6

법을 자세히 논술해 나가다

해석분 解釋分

已說立義分하니 次說解釋分하리라. 解釋有三種하니 云何爲三
고 一者는 顯示正義요, 二者는 對治邪執이요, 三者는 分別發趣
道相이니라. 顯示正義者는 依一心法하야 有二種門하니 云何爲
二고 一者는 心眞如門이요 二者는 心生滅門이니라. 是二種門이
皆各總攝一切法하니 此義云何오 以是二門이 不相離故니라.

주제를 세웠으니 이어 논술해 나가리라. 세 가지로 나누어 해
석하겠으니 첫째는 미리 주제의 요지를 보이고, 둘째는 그릇된 집
착을 대치하고, 셋째는 도에 나아가는 행상을 나누어 구분하기로
한다.

미리 주제의 요지를 보이는 데 있어서는 '하나의 마음 법'에 의
하여 두 문을 두니 마음의 진여문과 마음의 생멸문이다. 이 두
문이 모두 각각의 모든 법을 총괄해 거두어들이니, 이렇게 되는

이치는 이 두 문이 서로 불가분의 관계를 맺고 떨어지지 않기 때문이다.

【해설】

해석분은 『기신론』의 중요 내용을 설명하는 본론에 해당하는 부분이다. 이 부분도 셋으로 나누어 정립한 뜻을 보이고, 삿된 집착을 대치하는 방법을 말하며, 도에 나아가는 행상行相을 분별하여 설명한다. 먼저 '일심법'에 의지하여 '심진여문'과 '심생멸문'을 나누어 일체 법을 거두는 이치를 설명하면서 이 두 문의 불가분리의 관계를 밝히고 있다.

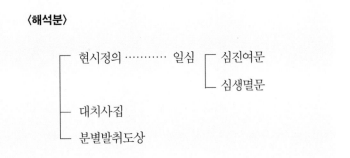

〈해석분〉

┌ 현시정의 ……… 일심 ┌ 심진여문
│   └ 심생멸문
├ 대치사집
└ 분별발취도상

7

진여가 무엇인가

진여 眞如

心眞如者는 卽是一法界大總相法門體니 所謂心性不生不滅이니라. 一切諸法이 唯依妄念하야 而有差別이니 若離心念하면 則無一切境界之相이니라. 是故로 一切法이 從本已來로 離言說相하며 離名字相하며 離心緣相하야 畢竟平等하야 無有變異하며 不可破壞라 唯是一心일새, 故名眞如니라.

　마음의 진여는 바로 '한 법계의 큰 모든 것이 어우러진 법의 본체'이다. 마음의 성품은 생겨나거나 소멸되지 않는다. 일체의 모든 법은 오직 망념에 의해서 차별이 있을 뿐이다. 만약 마음에 망념 떠나면 일체 객관에 나타나는 경계의 모습은 없게 된다. 이렇기 때문에 일체 법은 본래부터 말로 설명할 수 있는 것이 아니며, 이름을 가지고 있는 것도 아니며, 마음에 관계된 조건의 모습을 떠나니 마침내 어떠한 차별을 보이지 않고, 변하거나 달라지는 일도 없다. 오직 부서지지 않은 한마음일 뿐이다. 그러므로 진여라고 부른다.

【해설】

마음을 진여와 생멸의 두 가지 면으로 설명하여 일체 법의 이치를 밝히는 것이 『기신론』의 내용인데, 일체의 현상이 나오는 근원이 되는 것이 '심진여'라고 하였다. 이 심진여가 '일법계대총상법문'이라 하였다. 일법계대총상법문이란, 참되고 한결같은 마음의 성품이 만법을 거두고 또 만법을 총체적으로 포섭하여 하나로 묶는 근본 바탕이기에 하는 말이다. 원래 법계란 범어 dharma-dhātu란 어원을 가지고 있다. 이 어원의 뜻은 제법의 근거, 기초, 원인 또는 원리라는 뜻을 가지고 있다. 그러나 일반적으로 불교에서 법이라 할 때 그 의미는 다양하게 쓰여 왔다. 실체實體, 속성屬性, 의의意義, 나아가 사물의 움직이는 법칙 등의 뜻으로 쓰여 왔다. 따라서 법이란 말을 달리 풀이하자면 이 세상에 존재하는 모든 사물의 존재 그 자체와 존재하는 방식이 모두가 해당되며, 현실세계의 실존적 상황을 가리키는 말이 된다. 일법계一法界의 '일'이란 진여의 체성이 절대 평등하여 둘로 나눠지지 않기에 붙여진 이름이고, '법계'란 우주 만유, 곧 모든 존재의 범주 카테고리를 가리키는 말이다. 대총상大總相의 '대'는 진여가 광대하여 모든 것을 포섭한 것을 말하며, '총상'이란 일미평등一味平等하여 차별의 모양을 여읜 것을 말한다. 그런데 이 일법계대총상법문이라는 말은 기실 마음의 특징을 설명한 것이다. 영원하고 무한하고 전체적이고 보편적인 마음이 가지고 있는 특징을 말하자면 모든 것을 내포한 총상이요, 만법의 근원인 법이요, 모든 것이 현상으로 전개되어 나올 때의 문이며, 또한 바탕인 것이다. 다만 생기지도 아니하고 없어지지도 않는 심성 자체는 아무런 차별이 없는 절대의 경지인데 망념에 의하여 차별이 생겨나게 되었다. 망념이란 미혹迷惑의 생각으로 여실한 참 이치를 모르는 착각의 상태를 말하는 것이다. 유식唯識에서 말하는 삼성三性으로 설명하면, 첫째는 변계소집성徧計所執性이니, 범부들이 망령된 집착으로 일체 법에 대하여 이리저리 계교하여 실체가 공空한 줄을 모르고 실제로 있다고 고집하는 것이다. 마치 길가에 버려진 새끼 토막이나 노끈[繩(승)]을 보고 뱀[蛇(사)]이라 착각하는 것과 같다. 뱀의 실체가 없으나 망정妄情으로 뱀이라고 생각하는 것이다[情有理無(정유이무)].

둘째는 의타기성依他起性이니, 인연에 의하여 생긴 일체 만법을 말한다. 다른 것을 의지해 일어나는 성질이라는 말로 원인과 조건에 의하여 어떤 현상이 생기게 된 것을 두고 한 말이다. 예를 들면 물이 얼어 얼음이 되었을 때 얼음이 생긴 것이 물로 인한 것으로 물이 없었다면 얼음이 생길 수 없다는 것이다. 새끼나 노끈이 짚이나 삼으로 만들어졌으므로 짚이나 삼을 의지하지 않고는 새끼나 노끈이 있을 수 없다[相有性無(상유성무)].

셋째는 원성실성圓成實性이니, 본래 원만히 이루어진 실제의 성질이라는 뜻으로 이는 인연에 의하여 이루어지는 일체 유위법有

爲法의 체성體性이다. 앞에서 말한 새끼나 노끈의 본래 성품은 짚이나 삼인 것과 같다[情無理有, 相無性有(정무이유, 상무성유)]. 제법의 실성은 알지 못하고 두루 억측하는 마음으로[計較(계교)] 본래 없는 바를 있는 것으로 여겨 그릇된 고집을 부리는 자를 바로 범부라고 한다.

8

진여는 본래 말을 떠났다

이언진여 離言眞如

以一切言說이 假名無實이니 但隨妄念이언정 不可得故니라. 言眞如者도 亦無有相이니 謂言說之極으로 因言遣言이어니와 此眞如體는 無有可遣이니 以一切法이 悉皆眞故며 亦無可立이니 以一切法이 皆同如故니라. 當知一切法이 不可說不可念일새故名爲眞如니라.

　일체 말로 설명하는 것은 잠시 빌린 이름에 불과하고 실체는 존재하지 않는다. 망령된 생각을 따라 말할 뿐이지 실체는 파악되지 않는다. '진여'도 개념이 없는 것이나, 말로 설명할 수밖에 없는 극한적 상황에서 말에 근거를 하여 말을 초월한 표현이다. 그러나 진여 자체는 물리칠 수가 없다. 그것은 일체 모든 법은 본래가 참되고 특별히 내세울 것이 없으므로 모든 법은 다 그대로 여여하기 때문이다. 이 점을 알아야 한다. 일체 법은 설명할 수 있는 대상이 아니며, 생각할 수 있는 대상이 아니다. 그러므로 그냥 진여라고 이름을 붙였다.

【해설】

진여라는 것은 말로써 설명할 수 없다. 그것은 음식의 맛을 아무리 말로 설명하여도 말 자체가 그 맛일 수 없는 것과 같은 이치다. 이리하여 진여는 말과는 동떨어진 것이라는 뜻을 편의상 말을 떠나 있는 진여 곧 이언진여라 한다. 말이 미치지 못하는 경지 그 속에 법의 본체가 여여한 모습으로 어떠한 상황적인 상태를 완전히 초월하여 있다는 뜻이다. '여여하다'는 것은 본래의 완전성 그대로 아무런 변화나 조작이 일어나지 않는다는 말이다. 본 그대로의 어떤 상황을 벗어난 것은 설명이 불가능하고 도저히 파악 불가능하지만 부득이 진여라는 이름을 붙여 설명하겠다는 의도이다.

이 '진여'는 대승불교에 있어서 가장 이상적인 개념을 가지고 있는 말이다. 범어 Tathatā를 번역한 말로, 우주 만유에 두루 미쳐 있는 상주불변常住不變하는 본체인데 사유의 세계를 넘어 있어 사상 개념으로 파악되지 않는다. 이 진여를 달리 표현하는 여러 가지 용어들이 있는데, 불성이라 할 때는 중생의 본성자리를 두고 하는 말이고, 법성이라 할 때는 사물이 존재하게 된 본성을 두고 하는 말이 된다. 다시 말해 진여를 중생의 측면[正報(정보) 혹은 根身(근신)]에서는 불성이라 하고, 사물의 측면[依報(의보) 혹은

器界(기계)]에서는 법성이라 한다.

問曰 若如是義者댄 諸衆生等이 云何隨順하야사 而能得入고
答曰 若知一切法이 雖說이나 無有能說可說이며 雖念이나 亦
無能念可念이면 是名隨順이며 若離於念하면 名爲得入이니라.

　묻노라, "그렇다면 중생들이 어떻게 해야 진여에 들어갈 수 있
는가?"
　대답하되, "만약 일체 법이 비록 말로써 설명하지만, 설명될 수
없는 것이 있으며 생각하여도 생각되지 않는 것이 있는 줄 알면
진여를 따르는 것이며, 망령된 생각에서 벗어난다면 진여에 들어
가게 된다고 할 수 있다".

【해설】
　말을 여읜 진여에 깨달아 들어가려면 말을 여의고 생각을 여
읜 경지를 체험해야 된다는 내용이다. 상대적으로 설명이 가능한
상황들은 생각이 일어나서 만드는 것이다. 그러나 진여의 세계는
의식의 생각이 떠나 있는 곳이므로, 의식의 망념이 사라질 때 진
여에 들어갈 수 있게 된다.

9

말을 의지하는 진여도 있다

의언진여 依言眞如

復次眞如者는 依言說分別하면 有二種義하니 云何爲二오 一
者는 如實空이니 以能究竟顯實故요 二者는 如實不空이니 而
有自體具足無漏性功德故니라.

　진여를 말로 설명하자면 두 가지 뜻이 있다. 하나는 '실제 그대
로 비워진 상태로 더할 나위 없이 실제 그대로를 나타내는 것'이
요, 또 하나는 '실제 그대로 비워지지 않은 것'이다. 이것은 자체에
새지 않는 성품의 공덕이 내장되어 있기 때문이다.

【해설】
　말을 여읜 진여를 말로써 설명하자면 두 가지 면이 있다. 공空
한 면과 공하지 않은 면이다. 모든 헛된 것이 모조리 사라지고 더
할 나위 없이 실다운 모습이 드러난 면을 공하다 말하고 그 공한

속에 마모되지 않는 성품 자체의 공덕이 갖추어져 있으므로 공하지 않다고 한다. 무루성공덕無漏性功德의 '무루'라는 말은 물이 새듯이 새는 일이 없이 언제나 완벽한 상태가 유지되고 있다는 뜻이다.

의언진여 ┌ 여실공
        └ 여실불공

10

사실 그대로 공한 것

여실공 如實空

所言空者는 從本已來로 一切染法이 不相應故니 謂離一切法差別之相하며 以無虛妄心念故니라. 當知하라 眞如自性은 非有相이며 非無相이며 非非有相이며 非非無相이며 非有無俱相이며 非一相이며 非異相이며 非非一相이며 非非異相이며 非一異俱相이니라. 乃至總說컨대 依一切衆生이 以有妄心으로 念念分別하야 皆不相應일새, 故說爲空이어니와 若離妄心하면 實無可空故니라.

　비워졌다 하는 것은 본래부터 일체의 오염된 법이 서로 응하지 않기 때문이다. 말하자면 일체의 차별된 모습이 떠났으며, 허망한 마음의 생각들이 없기 때문이다. 반드시 알아야 할 것은 진여 자체 성품은 있다고 보는 상황이 아니고, 없다고 보는 상황도 아니며, 있다고 보는 상황이 아닌 것도 아니며, 없다고 보는 상황이 아닌 것도 아니다. 있기도 하고 없기도 한 상황도 아니며, 하나로 된 단원론적單元論的인 상황도 아니며, 여럿으로 된 다원론적多元論的인 상황도 아니다. 그렇다고 하나로 된 단원론적인 상황이 아닌 것도 아니며, 여럿으로 된 다원론적인 상황이 아닌 것도 아니며, 동시에 단원론적이면서 다원론적인 상황인 것도 아니다. 총괄적으로 말하면 일체 중생이 망령된 마음으로 찰나찰나 분별하는 것으로 응해지지 않으므로 망념이 본래 없다는 뜻에서 비워졌다고 한다. 만약 망령된 마음이 떠나가면 실로 비워졌다 할 것도 없기 때문이다.

【해설】

이 대목에서는 진여 자체가 '공하다'는 것을 설하고 있다. 진여는 본래 망심을 떠나 있기에 공하다고 하고, 이 진여가 공해진 상태를 모양이 있는 것도 아니고, 모양이 없는 것도 아니라는 등등 여러 가지 표현으로 설명하고 있다. 즉 진여는 일여평등一如平等하여 있거나 없는 유무有無의 경계가 아니며 동시에 유무가 아닌 경계도 아니기에 무어라 규정하기 어려운, 논리로 결정할 수 없는 대상임을 설명한 것이다. 따라서 공한 진여가 그대로 공하지 않는 '불공진여不空眞如'임을 밝혀 놓았다.

11

사실 그대로
비워지지 않은 것

여실불공 如實不空

所言不空者는 已顯法體 空無妄故로 卽是眞心이 常恆不變
하야 淨法滿足일새 則名不空이어니와 亦無有相可取니 以離念
境界는 唯證相應故니라

'비워지지 않은 것'이란 법 자체가 비워져 망령된 것이 없는 상
태이다. 곧 참된 마음 그대로가 항상 변하지 않고 깨끗함만 가득
차 있기에 비워지지 않았다고 한다. 그렇지만 '비워지지 않은 것'
을 집어낼 수 없다. 망념이 떠난 경계는 직관적 체험으로만 느낄
수 있는 것이다.

【해설】
아무것도 담겨 있지 않고 비어 있으므로 빈 병이라고 한다. 그
러나 빈 병이기 때문에 어떤 것들을 담을 수 있다고 말할 수 있다.

이와 같이 공과 불공의 관계는 말의 개념은 다르나 그 체体는 한 가지다. 빈 병이기 때문에 다른 것을 담을 수 있는 가능성이 있는 것처럼 망념을 여의면 여읜 그곳에 정법淨法이 가득하다는 뜻이다. 공해졌을 때 그 공 속에 갖추어져 있는 공덕이 드러나는데 이를 이른바 진공묘유眞空妙有의 도리라 한다. 그리고 망념이 사라진 경계는 분별이 일어나지 않는 경계라 직관적 체험이 있을 뿐이다.

12

마음이 움직여
아뢰야식이 된다

심생멸과 아뢰야식 心生滅과 阿黎耶識

心生滅者는 依如來藏故로 有生滅心하니. 所謂不生不滅이 與
生滅로 和合하야 非一非異 名爲阿黎耶識이니라.

'마음의 생기고 소멸함'이란 여래장에 의해서 생기고 소멸함이
있게 된다. 이른바 '생기거나 소멸되지 않는 것'이 '생기고 소멸되
는 것'으로 더불어 화합하여 하나로 볼 수도 없고 다르다고도 볼
수 없는 것을 아뢰야식이라 한다.

【해설】

마음이 움직이는 것이 '생멸'이다. 다시 말하면 생각이 일어나
고 없어지고 하는 것이 생멸인데, 이 생멸이 진여 자체 곧 여래장
如來藏에 의하여 있다고 한다. 이것은 흔히 비유의 예를 드는 바
와 같이 물에 의하여 파도가 일어나는 경우와 같다. '여래장'이란

여래의 태胎란 뜻으로 모태와 태아 모두를 말한다. 일체 중생이 모두 불성을 가진 존재로서 누구나 부처가 될 수 있는 가능성을 가지고 있다는 것을 나타내는 말이 여래장이다. 이 여래장이 진여의 본체인데 여기서 생멸이 생긴다. 고요한 수면에 파도가 일어나면 수면이 움직이지 않던 상태와 움직이는 상태의 동動·정靜이 달라지지만 결국 물이 움직이는 것이므로 물을 떠난 파도가 따로 없다. 이것을 비일비이非一非異라 하여 아뢰야식阿賴耶識이라 하였다.

아뢰야는 범어 alaya를 음사한 말로, 때로는 아리야阿梨耶 또는 아려야阿黎耶라 하기도 한다. 의역意譯을 할 때 진제眞諦 삼장三藏은 무몰식無沒識으로, 현장玄奘 삼장은 장식藏識이라 번역하였다. 이는 알라야alaya의 첫 음인 'a'를 장음으로 발음하는 경우와 단음으로 발음하는 경우에 뜻이 각각 달라지는 데서 연유되었다고 한다. 'a'가 장음으로 읽힐 때는 '집, 주처住處, 창고'라는 뜻이 있고, 단음으로 읽힐 경우엔 '없어지지 않는, 다하지 않는다'는 뜻을 지니고 있다. '무몰식'이란 없어지지 않는 식이라는 뜻이고, '장식'이란 저장하는 식이라는 뜻이다. '장藏'에는 포함包含과 출생出生의 두 가지 뜻이 있다. 아뢰야식이 일체 법을 포함하고 있기에 장藏이라 하며, 동시에 일체 법이 아뢰야식에서 나오므로 장식藏識이라 한다. 무엇인가가 그 안에 포함되어 있다는 뜻이다. '일체 법을 포섭하고 일체 법을 낸다'는 본문의 다음 구절에서 이 식에 대한 자세한 설명이 이루어진다.

13

깨달음과 깨닫지 못함

각과 불각 覺과 不覺

此識이 有二種義하야 能攝一切法하며 生一切法하나니 云何爲
二오. 一者는 覺義요, 二者는 不覺義니라. 所言覺義者는 謂心
體離念이니 離念相者는 等虛空界하야 無所不徧하야 法界一相
이라. 卽是如來의 平等法身이니 依此法身하야 說明本覺이니라.

이 식이 두 가지 뜻을 가지고 있기에 모든 법을 거두어들이며
모든 법을 생기게 한다. 그 두 가지란, 하나는 '깨달음의 뜻'이고,
또 하나는 '깨닫지 못함의 뜻'이다. 깨달음의 뜻이란, 마음의 본체
에 망령된 생각이 떠나간 것이니 망념이 떠나간 상태는 허공과
같아서 미치지 않은 데가 없이 전일적인 하나의 모양으로 된 법
계이다. 이것이 바로 여래의 차별 없는 법신이니 이 법신을 두고
'본래의 깨달음'이라고 한다.

아뢰야식은 각覺, 불각不覺의 두 가지 뜻이 있는데 이는 앞서 말한 '불생불멸하는 진여'가 각이요, '생멸하는 망념'이 불각이다. 이를 거울에 비유하면, 거울이 본래 때가 없이 깨끗하여 물체를 비춰 주는 것은 각이고, 먼지가 끼여 어두워져 물체를 밝게 비춰 주지 못하는 것은 불각이다. 또 다른 비유를 들어 말하면, 하늘이 본래 청명한 것은 각이요, 구름이 끼여 흐려진 것은 불각인 것이다. 불각은 곧 무명無明으로 구름이 하늘을 가리듯이 진여를 가린다. 그러나 진여 자체는 청정하여 한결같은 본래의 모습을 잃지 않으므로 본각이라 한다. 인간의 마음에 비록 그릇된 생각이 일어나나 일어나기 이전의 각의 상태, 곧 진여의 본 모습이 아주 없어져 버리는 것은 아니다. 또 마음의 본체인 각이 허공계와 같아서 어디에도 미치지 않은 바가 없고[無所不徧(무소불변)], 차별적인 현상이 야기되지 않고 평등한 하나의 모습이다[法界一相(법계일상)]. 이것이 바로 여래의 알맹이로 법신法身이라 하기도 한다. 이는 진여 자체를 의인화하여 인격화한 것으로 생멸을 떠나 있는 영구불변의 진리의 몸이다. 이 몸은 본래의 깨달음 진리 그대로라는 의미에서 본각이라고도 부른다.

아뢰야식 ┌ 각 - 본각
            └ 불각

14

본래의 깨달음과
수행하여 얻는 깨달음

본각과 시각 本覺과 始覺

何以故오. 本覺義者는 對始覺義說이니 以始覺者 卽同本覺이
니라. 始覺義者는 依本覺故로 而有不覺이요, 依不覺故로 說有
始覺이니라. 又以覺心源故로 名究竟覺이요, 不覺心源故로 非
究竟覺이니라.

'본래의 깨달음', 곧 본각이라 하는 것은 '수행하여 얻는 깨달
음', 곧 시각을 상대해서 하는 말이다. 수행하여 얻는 깨달음이 본
래의 깨달음[本覺(본각)]과 같은 것이다. 수행하여 얻는 깨달음은
본래 깨달음을 깨닫지 못하는 수가 있고, 깨닫지 못하므로 수행
하여 얻는 깨달음이 있다. 또 마음의 근원을 깨달았기에 완전한
깨달음이라고 하고, 마음의 근원을 깨닫지 못했기에 깨달음이 아
니라고 한다.

【해설】

이 대목에 와서 각의 명칭을 여러 가지로 설하면서 상대적인 입장에 따라 쓰이는 각覺의 개념을 설명한다. 본래 있는 진여의 본체가 본각本覺이지만 이것을 수행의 공을 들여 계발할 때에는 시각始覺이라 부른다. 그러니까 본각은 후천적인 수행이 시작되기 이전의 본래의 각이므로 경험 이전의 상태라 할 수 있다.

『기신론』을 영역英譯한 일본의 스즈키 다이세츠鈴木大拙는 본각을 선험적先驗的인 각enlightenment of a priori으로, 시각을 경험적經驗的인 각enlightenment of posteriori으로 번역하였다. 곧잘 비유하는 이야기로 마치 돌 속에 들어 있는 금의 성분이 본각이라면, 용광로에 녹여 제련한 순금을 시각이라 한다. 금의 성분을 가지고 말하면 돌속의 금이나 순금으로 제련된 금이나 둘 다 똑같은 것이다.

또 본각이 시각으로 드러나지 않게 방해하는 요소가 불각이다. 모든 중생들이 불성을 갖추고 있다고 할 때, 그것은 마음의 진여[心眞如(심진여)], 곧 본각이 있다는 말이다. 그러나 무명無明 번뇌煩惱가 일어나 본각의 성덕性德을 드러나지 못하게 하므로 무명 번뇌를 끊어야 한다. 이를 위해 공을 들이는 게 시각이며 무명 번뇌가 곧 불각인 것이다. 시각에는 깨달아 가는 과정의 단계가 있는데, 마음의 근원을 완전히 깨달으면 최후의 깨달음인 구경각이라 하고 그렇지 못한 것은 구경각이 아니라고 하였다. 구경각이란 '완전한 깨달음'을 뜻한다.

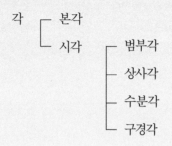

15

범부의 깨달음

범부각 凡夫覺

此義云何오. 如凡夫人은 覺知前念起惡故로 能止後念하야 令
其不起하나니 雖復名覺이나 卽是不覺故니라.

완전한 깨달음과 불완전한 깨달음은 어떤 뜻인가? 범부인 사
람들은 앞의 생각이 잘못을 일으켰다는 것을 깨달아 뒷생각을
그치게 해서 잘못된 생각이 일어나지 않게 하는 것이다. 비록 깨
달음이라고 부르지만 진정으로 깨달은 것이 아니다.

【해설】
수행을 시작하는 범부들이 아직 최하위의 수행단계에서 처음
잘못된 악업을 지은 것에 대하여 잘못을 깨닫고 지나간 일을 반
성하여 다시 그릇된 생각이 일어나지 않게 하는 것을 깨달음이라
하나, 이는 인과因果의 이치를 바로 아는 정도라 실제 도를 체험

한 분상의 깨달음은 아니다. 수행의 지위점차地位漸次로 말하면 아직 범부의 지위인 십신위에 해당한다. 이 위位에서는 일념 속에 일어나는 생生·주住·이異·멸滅의 사상四相 중 멸상을 깨닫는 단계이다. 멸상을 깨닫는다는 것은 신체적 행위나 언어적 행위, 다시 말해 신업과 구업의 나쁜 행위가 멈춰지는 것을 말한다.

16

비슷한 깨달음

상사각 相似覺

如二乘觀智와 初發意菩薩等은 覺於念異하야 念無異相이니
以捨麤分別執着相故고 名相似覺이니라.

이승 곧 성문이나 연각들이 관하는 지혜와 처음 뜻을 편 보살
들은 생각의 달라짐을 깨달아서 생각에 달라지는 모습이 없어진
다. 거친 분별과 집착하는 모습을 버리기 때문에 '비슷한 깨달음
[相似覺(상사각)]'이라고 한다.

【해설】

성문과 연각과 처음 발심한 보살들의 경우에 번뇌가 마음에서
일어나는 생각이 달라지는 모습임을 알게 되어 달라지는 모습인
이상異相이 없어지므로 자아에 대하여 고집하는 견해인 아견我見
이 없다고 한다. '거친 분별'이란 미세한 분별보다 끊기 쉬운 번뇌

로 이것저것을 구별하여 어떤 대상에 집착하는 바를 말한다. 이 것이 마음에 일어나는 생각의 모습이다. 이것이 없어지면 표면상으로 깨달음을 얻은 상태와 비슷한 경지가 나타나는데, 이를 상사각이라 한다. 이는 십주十住·십행十行·십회향十廻向의 삼현三賢의 수행지위에서 얻는 깨달음이다. 이와 같은 수도의 단계에서는 욕심과 성냄 그리고 어리석음, 교만, 의심 따위의 근본 번뇌에 해당되는 나쁜 업을 유발하는 요인들이 절제되어 그릇된 행위가 일어나지 않게 된다. 따라서 자아관념이 강하게 일어난 자신에 대한 집착이 현저히 줄어드는 것이다.

17

분을 따라 본각에
가까워지는 깨달음

수분각 隨分覺

如法身菩薩等은 覺於念住하야 念無住相하니, 以離分別麤念
相故로 名隨分覺이니라.

십지十地의 수행지위에 오른 보살들은 생각이 머무는 것을 깨
달아서 생각에 머무는 모습이 없어진다. 분별하는 거친 생각의 모
습을 떼어 낸 까닭에 '분을 따라 본각에 가까워지는 깨달음'이라
한다.

【해설】

법신보살이란 십지十地의 수행지위에 있는 보살들을 말한다.
분별하는 거친 생각의 모습, 곧 주상住相을 여의면 일체의 집착에
서 벗어나게 되어 완전한 깨달음에 조금씩 가까워지므로 수분각
이라 한다. 번뇌생기의 원인인 생기모습[生相(생상)]을 완전히 멸하

지 못했기 때문이다. 주상이란 마음에 생각이 머물러 단단한 고집이 형성되어 있는 상태이다. 아집을 이루어 모든 이기적인 생각으로 나와 남을 구별한다. 나를 모르는 어리석음[我癡(아치)]과 나를 내세우는 고집[我見(아견)], 나만을 중히 여기는 생각[我愛(아애)], 나에 대한 교만[我慢(아만)]이 가득 찬 말나식末那識인 제7식이 수분각을 성취하면 사라지게 된다.

18

최후의 완전한 깨달음

구경각 究竟覺

如菩薩地盡^한 이는 滿足方便^{하야} 一念相應^{하나니} 覺心初起^하야 心無初相^{이니} 以遠離微細念故^로 得見心性^{하야} 心卽常住^{하니} 名究竟覺^{이니라.}

보살의 수행지위를 다 마친 이는 방편을 원만히 갖추어서 한 생각이 최초로 일어나는 자리에 응한다. 마음이 처음 일어나는 순간을 깨달아서 마음에 최초로 형성된 그 모습을 없애게 된다. 미세한 망념이 멀리 떠났기 때문에 마음의 성품을 볼 수 있기에 마음이 언제나 흔들림이 없이 그대로 머무니, 이것을 '완전한 깨달음'이라 한다.

【해설】

보살의 지위를 다한 이란 십지十地의 수행을 완성한 이를 말한다. 곧 등각等覺의 지위에 이른 보살의 수행 경계이다. 마음이 처음 일어난다는 말은 마음에 망념이 일어나는 시초인 근본 무명을 가리킨 것이다. '서로 응한다'는 것은 시각의 최후 일념이 본각과 일치되는 순간을 말한다. 이때 근본 무명이 진여본각을 움직여 일심一心이 생멸生滅을 일으키는 것을 깨달아 망념이 생기는 모습인 생상生相이 사라진다. 이렇게 되면 마음의 본성이 나타나 보이며 다시 생生·주住·이異·멸滅하는 사상四相의 동요가 없어져 마음이 길이 한결같아지는데 이를 최후의 완전한 깨달음인 구경각이라 한다. 생상에는 생각이 일어나게 되는 세 가지 양상의 과정이 잠재해 있다. 세 가지 미세한 과정이라 하여 삼세三細라 하는데 주관과 객관을 분립시키는 잠재적인 원동력인 업상業相과 능동적으로 주관을 세워 생각을 일으키는 모습[轉相(전상)]과 그 생각이 피동적으로 반영되는 객관적 모습[現相(현상)]의 세 가지 양상에 있어 마음속에 생각이 생기게 되는 것이다. 인간의 한 생각 일념 속에 생·주·이·멸의 사상四相이 동시에 복잡미묘하게 얽혀 있어 전후前後, 심천深淺, 즉 거칠고 가늘고의 차별이 내재되어 있다는 설명이 된다.

19

망념이 없는 것과 부처님의 지혜

무념과 불지 無念과 佛智

是故로 脩多羅에 說하사대 若有衆生이 能觀無念者는 則爲向
佛智故라 하니라. 又心起者는 無有初相可知어늘 而言知初相
者는 卽謂無念이라. 是故로 一切衆生을 不名爲覺이니 以從本
來로 念念相續하야 未曾離念일새니 故說無始無明이니라.

　그러므로 경에 설하기를 "어떤 중생이 능히 망령된 생각이 없
는 경지를 관찰할 수 있다면 곧 부처님의 지혜에 접근하게 된다"
라고 하였다. 또 마음이 일어난다고 한 말은 처음 모습을 알 수
있는 게 아니지만 첫 모습을 안다는 것은 망념이 사라진 무념을
두고 한 말이다. 이렇기 때문에 일체 중생들을 깨달음이라 부르지
않는다. 중생은 본래 생각 생각이 이어져 망념에서 벗어나지 못하
기에 '비롯함이 없는 무명'이라고 한다.

【해설】

수다라는 『능가경』을 말한다. 『기신론』은 『능가경』의 별신서別
伸書라고 말할 정도로 『능가경』의 내용과 관련되는 부분이 많다.
무념無念이란 망념이 없어진 경계로 분별이 없는 지혜이다. 이 무
분별지無分別智가 바로 부처님의 지혜이다. 무념을 관한다는 것은
망념을 없애면서 깨달아 가는 과정을 말하는 것으로 곧 시각始覺
의 수행단계가 실천되는 것이다. 마음의 생·주·이·멸 네 가지 모
습 가운데 첫 모습인 생상生相을 안다 한 것은 움직이는 망념이
없었던 상태로 돌아갔다는 뜻이다. 본래 망념이 없었던 것을 알
아 그 망념이 사라져 버리면 본각과 시각이 하나로 일치되지만,
중생들의 경우에는 망념이 항상 이어지므로 각이라 할 수 없고
'시작이 없는 무명'을 가지고 있는 존재라고 한다는 것이다. 무명
에 의해서 생멸이 비롯되고 이 생멸이 어떤 상황의 출발의 기점이
아니라 각을 의지해 홀연히 일어났으므로 무시무명이라 하는 것
이다. 시각의 단계는 네 가지 지위가 있어 범부각, 상사각, 수분각,
구경각으로 설명되었는데 이를 시각사위始覺四位라 한다.

20

시각과 본각이 둘이 아니다

시본불이 始本不二

若得無念者는 則知心相의 生住異滅하나니 以無念等故니라.
而實無有始覺之異하니 以四相이 俱時而有라 皆無自立이니
本來平等하야 同一覺故니라.

만약 무념의 경지를 얻은 사람은 마음에 일어나는 생각이 생
겨나고, 머물고, 달라지고, 소멸되는 네 가지 양상을 알게 되는데,
무념과 동등하기 때문이다. 실제로는 시각의 차이도 없다. 그것은
네 가지 양상이 한꺼번에 있으므로, 모두 스스로 독립된 것이 아
니라 본래 평등해서 동일한 깨달음이기 때문이다.

【해설】

망념이 없어진 경우 마음이 생멸할 때 일어나는 생·주·이·멸
의 네 가지 모습을 다 알고 그것을 극복하여 시각과 같게 된다.

결국 사상四相이 함께 동시에 있기에 각각의 독립성이 없게 된다. 그래서 망념이 없어지면 사상도 따라 없어져 본래의 각으로 회복되므로 시각이 본래 본각으로 된다. 무념을 얻었을 때 유념有念의 생주이멸을 안다는 것은 꿈에서 깨어난 후에 꿈이었다는 사실을 아는 바와 같이 무념의 지혜를 얻어야만 망념의 정체를 안다는 의미이다.

21

오염된 환경 속의
본각이 나타내는 두 가지 모습

수염본각의 지정상과 부사의업상 隨染本覺의 智淨相과 不思議業相

復次本覺이 隨染分別하야 生二種相하야 與彼本覺不相捨離
하니 云何爲二오 一者는 智淨相이요 二者는 不思議業相이니라.
智淨相者는 謂依法力熏習하야 如實修行하야 滿足方便故로
破和合識相하고 滅相續心相하야 顯現法身 智淳淨故니라.

　본래의 깨달음이 오염된 환경을 따라 두 가지 모습을 나타내면
서도 본래의 깨달음 그대로를 유지한다. 두 가지 모습은 '깨끗한
지혜의 모습'과 '불가사의한 활동의 모습'이다. 깨끗한 지혜의 모습
이란 법력훈습에 의해 헛되지 않게 수행해서 방편을 원만하게 갖
추었기 때문에 화합된 식의 상태를 부수고 상속되는 마음의 상태
가 없어져서 법신의 지혜가 순수하고 깨끗한 그대로를 나타낸다.

【해설】

　본래의 각이란 마음의 깨끗한 본성이 망념이 일어나 물들어진 상태, 곧 세속적 환경에서도 두 가지의 탁월한 모습을 나타낸다. 하나는 여전히 밝고 깨끗한 본성 그대로의 지혜의 모습을 띠고 있어 수행을 통한 법력으로 생멸이 야기되는 심식心識의 상태를 없애고 망념의 계속됨이 끊어져 본래 청정의 상태를 회복하는 것이며, 또 하나는 세속적 생각으로 도저히 알 수 없는 불가사의한 능력을 가지고 있는 점이다. 이 두 가지 모습은 수행의 방향으로 마음이 움직여 행동화할 때 나타나게 된다. 거울이 본래 깨끗하여 물체를 비출 수 있는 것이 지정상智淨相이며, 먼지가 끼었을 경우 이를 털고 닦아내는 것이 부사의업상不思議業相이다.

此義云何오 以一切心識之相이 皆是無明이나 無明之相이 不離覺性하야 非可壞며 非不可壞니 如大海水가 因風波動하야 水相風相이 不相捨離하나 而水非動性이니 若風止滅하면 動相則滅이나 濕性不壞故니라. 如是衆生自性淸淨心이 因無明風動하야 心與無明이 俱無形相하야 不相捨離나 而心非動性이니 若無明滅하면 相續則滅이언정 智性不壞故니라.

　일체 마음에 생멸이 일어난 인식의 상태는 모두가 무명이다. 그러나 이 무명의 상태가 깨달음의 본성을 떠나지 아니해서 파괴되지 않으며 파괴되지 않는 것도 아니다. 바다의 물이 파도가 되어 움직이는 것 같아서 물과 파도는 서로 떨어진 것이 아니므로 물은 움직이는 성질이 아니다. 만약 바람이 그쳐 없어지면 움직이는 파도는 없어지지만 적셔 주는 물의 성질은 파괴되지 않는다. 이처럼 중생의 자성 청정심이 무명의 바람으로 인하여 흔들릴 때 마음과 무명이 둘 다 독립된 형상이 없어서 서로 떨어지지 않지만 마음은 움직이는 성질이 아니다. 그러므로 무명이 없어지면 마음이 움직이는 상속이 없어질지언정 지혜의 성품은 파괴되지 않는다.

【해설】

망념에 의해 마음에 분별이 일어나는 것이 심식心識이다. 또한 이것은 근본불각인 무명이다. 그러나 이 무명은 각성을 떠나 있는 게 아니므로 물을 떠나 파도가 있을 수 없는 것과 같다고 하였다. 다만 바람이 그치면 파도가 없어지듯이 무명이 사라지면 생각과 생각이 계속되는 망념이 없어지나 본래 마음의 깨끗한 지혜의 성품은 없어지지 않는다고 하였다. 심식에 의해서 야기되는 인간의 의식 활동은 각성이 본래 지니고 있던 지혜로운 모습은 아니지만, 그렇다고 그 의식 활동이 본래의 지혜로운 상태를 완전히 상실해 버린 것도 아니라는 뜻이다. 중생의 본래 깨끗하고 맑은 마음이 무명의 바람에 의하여 움직이나 깨끗하고 맑은 마음과 무명의 바람이 서로 각각 자체의 고유한 모습을 가지고 있는 것도 아니다. 서로의 관계 속에 얽혀 있을 뿐 관계 이전의 깨끗하고 맑은 지혜는 여전히 그대로라는 것이다.

수염본각 ⎡ 지정상
               ⎣ 부사의업상

22

불가사의한 능력으로 일어나는
활동의 모습

부사의업상 不思議業相

不思議業相者는 以依智淨하야 能作一切勝妙境界하나니 所謂無量功德之相이 常無斷絶하야 隨衆生根하야 自然相應하야 種種而現하야 得利益故니라.

'불가사의한 능력으로 일어나는 활동의 모습'이란 깨끗한 지혜의 모습에 의해 능히 일체의 뛰어나고 미묘한 활동적 상황을 만들어 내는 것이다. 말하자면 한량없는 공덕을 갖춘 모습이 언제나 끊어지지 않고 중생들의 근기에 따라 자연스럽게 응해져서 가지가지로 나타나 중생들에게 이익을 얻게 한다.

【해설】

법력의 훈습에 의하여 지정상을 드러내면 다시 이것에 의하여 한량없는 공덕을 성취하게 하는 뛰어나고 미묘한 환경을 만들 수 있는 부사의업상이 작용하여 중생에게 이익을 제공하게 된다. 마치 하늘의 달이 구름에 가려졌을 때는 어두워 나타나지 않지만 구름이 없어지면 밝게 비치게 되고, 또 지상에 있는 강물마다 달 그림자가 비치어 수월水月이 생기는 경우이다.

이 물 속의 달, 수월이 생기는 것이 부사의업상이다. 지정상은 체體요, 부사의업상은 용用이다. 체는 근본지根本智에 갖추어진 자리自利가 되고 용은 후득지後得智로 이타利他의 공덕을 성취하게 한다. 또 체는 부처님의 법신法身인 자수용신自受用身이 되고, 용은 응신應身인 타수용신他受用身이 된다. 체에서 용이 나와 창조적으로 발전해 갈 수 있는 모든 현실적 상황의 전개, 그것이 바로 한량없는 공덕이다.

23

성품이 깨끗한 본래의 깨달음과
네 가지 거울

성정본각과 사경 性淨本覺과 四鏡

復次覺體相者는 有四種大義하니 與虛空等하야 猶如淨鏡이니라.

깨달음 그 자체의 모습은 네 가지 큰 뜻을 가지고 있다. 허공처럼 크며 마치 깨끗한 거울과 같다.

【해설】

각의 자체가 지니고 있는 특징이 네 가지가 있는데, 그것이 허공과 같아 미치지 않는 바가 없고, 깨끗한 거울과 같아 모든 것을 비춰 준다고 한다.

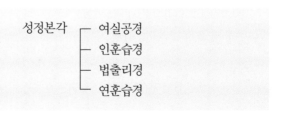

성정본각 ─ 여실공경
         ─ 인훈습경
         ─ 법출리경
         ─ 연훈습경

24

사실 그대로 빈 거울

여실공경 如實空鏡

云何爲四오 一者如實空鏡이니 遠離一切心境界相하야 無法可現이니 非覺照義故니라.

　네 가지가 무엇인가 하면 첫째는 '사실 그대로 빈 거울'이다. 일체 마음의 심리적 상황이나 객관적 상황을 멀리 떠나 있으므로 나타낼 법이 없음을 말한다. 객관적 상황을 상대하는 깨달음을 비추는 의미가 아니기 때문이다.

【해설】
　티 없는 거울 자체는 아무것도 없는 빈 것일 뿐이다. 객관 경계를 떠나 있을 뿐 아니라 거울의 성능 자체에는 일체 먼지 등이 끼지 않는다. 마찬가지로 각覺의 본체는 일체 망념으로 인한 그릇된 생각이 모두 사라져 있다. 무념 그 자체로 있는 것이 각이므로 여기에 어떠한 상대도 없게 된다. 각조覺照의 뜻이 아니라는 말은, 각의 체體에서 일어나는 용用마저 부정하는 말로, 거울 자체가 공하다는 것을 강조할 때 거울이 물체를 비춰 주는 성능 따위도 거론하지 않는다는 뜻이다.

25

원인에서 훈습되는 거울

인훈습경 因熏習鏡

二者는 因熏習鏡이니 謂如實不空이라. 一切世間境界가 悉於
中現하야 不出不入하며 不失不壞하야 常住一心이니 以一切法
이 卽眞實性故라. 又一切染法이 所不能染이니 智體不動하야
具足無漏하야 熏衆生故니라.

둘째는 '원인에서 훈습되는 거울'이다. 이는 '사실 그대로 비추
지 않은 것'을 두고 말한다. 이 세상 모든 것이 저 가운데 나타나
서 나오거나 들어가지 않으며, 유실되거나 파괴되지 아니해서 항
상 한마음 그대로가 유지되는 것으로 모든 법은 다 진실한 성품
이다. 또 일체 오염된 법이 물들일 수 없는 것으로, 지혜의 본바탕
이 움직이지 아니해서 새지 않는 공덕을 갖추어 중생들을 훈습하
게 된다.

【해설】

　망념이 없는 공한 각의 본체가 거울이 일체의 물체를 비춰 주는 것처럼 세간의 모든 경계를 나타내되 각 그 자체는 영원불변하는 진리 그대로 있기에 어떠한 손상도 받지 않는다. 다시 말하면 지혜 그 자체가 되어 어떠한 오염에도 물들지 않으며 한량없는 광명을 발하여 모든 어둠을 소멸시키게 된다.

26

법에서 벗어난 거울

법출리경 法出離鏡

三者는 法出離鏡이니, 謂不空法이 出煩惱礙 智礙하고 離和合相하야 淳淨明故라.

  셋째는 '법에서 벗어난 거울'이다. 텅 비어 있지 않은 법이 번뇌의 장애나 지식의 장애를 벗어나고 화합된 상태를 떠나 순수하며 깨끗하고 밝을 뿐이다.

【해설】

  법출리法出離란, 제법의 속박에서 벗어남을 뜻한다. 각 그 자체는 세상의 모든 속박과 장애로부터 벗어나 자유 그대로가 되어 번뇌로 인한 장애나 분별로 인한 지적인 장애를 받지 않고 동시에 모든 어리석음으로부터 벗어나 순수하고 깨끗하고 밝은 본래의 모습 그대로이다.

27

조건에서 훈습되는 거울

연훈습경 緣熏習鏡

四者는 緣熏習鏡이니 謂依法出離故로 徧照衆生之心하야 令
修善根하야 隨念示現故니라.

넷째는 '조건에서 훈습되는 거울'이다. '법에서 벗어난 것'에 의
해 두루 중생들의 마음을 비추어서 선근을 닦게 하여 생각대로
보여 나타내 준다.

【해설】

앞의 법출리경法出離鏡에 의하여 제법의 속박을 벗어나 자유로
운 의지를 발휘하여 중생들의 마음을 비추어 선근을 닦게 하고
중생의 생각에 따라 나타나게 하는 것이다.

28

무엇이 깨닫지 못함인가

불각은 근본불각 不覺은 根本不覺

所言不覺義者는 謂不如實知眞如法一故로 不覺心이 起하야 而有其念이나 念無自相하야 不離本覺이니라. 猶如迷人이 依方故로 迷나 若離於方이면 則無有迷인달하니라. 衆生도 亦爾하야 依覺故로 迷어니와 若離覺性하면 則無不覺이니라. 以有不覺妄想心故로 能知名義하야 爲說眞覺이어니와 若離不覺之心하면 則無眞覺自相可說이니라.

　깨닫지 못함이란 사실 그대로의 진실하고 한결같은 법이 하나인 줄을 알지 못하기 때문에 깨닫지 못한 마음이 일어나서 망령된 생각이 있는 상태를 말한다. 그렇지만 생각 자체의 모습이 별도로 있는 것은 아니어서 본래 깨달음을 떠나지 않는다. 마치 길을 잃은 사람이 가야 할 방향이 있었기 때문에 방향을 잃은 것이지 방향이 없었다면 길을 잃을 일도 없는 경우와 같다. 중생들도 그러해서 깨달아야 할 일이 있기 때문에 깨닫지 못함이 있다. 만약 깨달아야 할 일이 없다면 깨닫지 못함도 없는 것이다. 깨닫지 못한 망상이 야기된 마음이 있기 때문에 어떤 개념을 만들어서 참된 깨달음이라 말하지만 깨닫지 못한 마음이 떠나 버리면 참된 깨달음이라 할 자체 모습도 없게 된다.

【해설】

불각이란 있는 그대로의 진여가 하나인 것을 알지 못하는 상태에서 야기된 망념이 생긴 것을 말한다. 그러나 이 망념이 본각을 떠난 자체의 모습을 가지고 있는 것이 아니다. 마치 길을 잃어버린 사람이 동남서북의 방향을 몰라 헤매고 있는 것과 같다. 이 사람은 가야 할 방향을 가지고 있었기 때문에 방향을 잃어버린 것이다. 즉, 올바른 방향이라는 잣대를 마음속에 지니고 있지 않았다면, 방향을 잃어버릴 이유도 없게 된다. 이와 같이 깨닫지 못한 불각의 마음은 참된 각이 있기에 생기게 된 것이다.

마찬가지로 불각이 없다면 진각眞覺이라 할 깨달음도 없게 된다. 중생들의 경우에 잘못된 생각이 있다면 이는 올바른 생각이 있기 때문에 잘못된 생각이 있게 되듯, 각이란 본성을 떠난 불각은 있을 수가 없는 것이다.

반대로 참된 깨달음[眞覺(진각)]을 말하는 것은 깨닫지 못한 불각의 망념이 중생의 마음속에 있는 까닭에 이 불각과 관계를 지어 설정되었다. 이것은 근본불각으로 무명의 망념이 있게 된 근거를

말한다. 마음의 순수하고 영원한 본래의 모습을 알지 못하는 근본
적인 미혹迷惑을 일컬어 '무명' 또는 '근본불각'이라 한다.

불각 ┌ 근본불각
　　 └ 지말불각

29

깨닫지 못함이 근본에서 파생되어
세 가지 미세한 상태를 유발한다

지말불각과 삼세 枝末不覺과 三細

復次依不覺故로 生三種相하야 與彼不覺으로 相應不離하나니
云何爲三고. 一者는 無明業相이니 以依不覺故로 心動을 說名
爲業이라 覺則不動이어니와 動則有苦니 果不離因故요, 二者는
能見相이니 以依動故로 能見이라 不動則無見이요, 三者는 境
界相이니 以依能見故로 境界妄現이라 離見이면 則無境界니라.

'깨닫지 못함'에 의해 세 가지 양상이 생겨서 그 깨닫지 못함과
상응하여 떠나지 않는 단계가 있다.

첫째는 '무명의 업이 시작되는 상태'로 깨닫지 못함에 의해 마
음이 움직이는 것을 업이라고 한다. 깨달음은 움직이지 않는 것으
로 움직이면 괴로움이 있다. 그것은 결과가 원인을 떠나지 못하기
때문이다.

둘째는 '능히 보는 상태'로 움직임에 의해 능히 보려는 주관이

세워지는 단계이다. 움직이지 않으면 볼 수가 없어 주관이 세워지지 않는다.

셋째는 '경계가 나타나는 상태'로 능히 보려고 애쓰는 데 의해서 경계가 망령되이 나타난다. 보려는 견이 없으면 나타나는 경계도 없게 된다.

【해설】

'깨닫지 못한 상태', 곧 마음의 진여를 모르는 상태에서 세 가지의 양상이 나타난다. 그런데 이 양상은 아직 미세한 단계이므로 삼세三細라고 말한다.

첫째, 마음이 움직이게 되는데 이를 업業karma이라 한다. 깨달으면 움직이지 않으나, 깨닫지 못하여 움직이면 고통이 따라오는 결과가 되어 인과의 법칙이 적용된다. 둘째, 능견상은 마음이 움직여 능동적인 주체가 되어 주관의 자리가 세워져 보는 능력이 나오는 것을 말한다. 이를 전상轉相이라고도 하는데 굴러져서 펼쳐지는 모습이라는 뜻이다. 능히 관계를 맺는 주동적인 역할을 한다는 뜻에서 능연能緣이라고도 한다. 여기에서 인과관계가 시작된다. 경계상은 현상現相이라고도 하며, 능견에 의하여 경계가 나타나는 것을 말한다. 다시 말하면 능견의 짝이 되는 객관의 자리가 주관에 붙어 세워지게 되는 경우를 말한다.

이 삼세를 거울에 비유하여 설명하면 업상은 거울의 체体요, 능견상은 거울 면이 물체를 비추는 것[用(용)]이요, 경계상은 거울

면에 나타난 비춰진 물체의 모양[相(상)]이다.

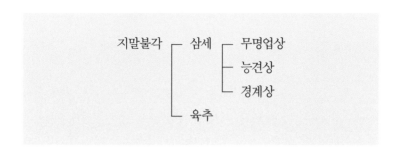

30

여섯 가지 거친 단계

육추 六麤

以有境界緣故로 復生六種相하나니 云何爲六고. 一者는 智相이니 依於境界하야 心起分別 愛與不愛故요. 二者는 相續相이니 依於智故로 生其苦樂覺心하야 起念相應不斷故요. 三者는 執取相이니 依於相續하야 緣念境界하야 住持苦樂하야 心起著故요. 四者는 計名字相이니 依於妄執하야 分別假名言相故요. 五者는 起業相이니 依於名字하야 尋名取著하야 造種種業故요. 六者는 業繫苦相이니 以依業受果하야 不自在故니라. 當知하라. 無明이 能生一切染法하나니 以一切染法이 皆是不覺相故니라.

나타난 경계와 관련되어 다시 여섯 가지의 거친 상태가 발생한다. 첫째는 '지적으로 인식하는 양상'이 생겨, 객관의 경계에 의해 마음에 분별을 일으켜 좋아하기도 하고 싫어하기도 한다. 둘째는 '이어져 계속되는 양상'으로, 지적 인식을 의지해 그 괴로움과 즐거움을 느끼는 마음을 내어 생각이 이어져 끊어지지 않는 것이다. 셋째는 '집착을 내어 취하려는 양상'으로, '이어져 계속됨'에 의해 경계를 연관되게 생각하여 괴로움이나 즐거움을 지니게 되어 마음에 집착을 일으킨다. 넷째는 '이름을 붙여 이리저리 따지는 양상'이니, 망령된 집착에 의해 거짓된 이름과 말을 분별하는 것이다. 다섯째는 '업을 짓는 양상'으로 이름을 붙여 따지는 것에 의해 이름을 선택하여 가지려고 집착해 가지가지 업을 짓는다. 여섯째는 '업에 묶여 괴로움을 받는 양상'이니, 업에 의해 과보를 받아서 자유롭지 못하게 된다. 마땅히 알아야 할 것이 있으니, 바로 무명이 일체 오염된 환경을 발생시킨다는 점이다. 일체 오염된 환경이 모두 깨닫지 못한 상태이기 때문이다.

【해설】

삼세三細의 과정에서 마음이 동요하기 시작하여 주객主客의 대립이 야기되고부터 다시 점점 거칠게 일어나는 여섯 가지 단계의 양상이 있는데 이를 육추六麤라 한다. 추麤는 세細의 반대로 굵고 거칠다는 뜻이다.

지상智相의 지智는 분별 또는 식별을 의미한다. 이 지상부터는 마음의 동요가 커져 간다. 경계의 연이 있다는 말은 거울 면에 나타난 물체의 모습처럼 삼라만상 두두물물頭頭物物의 모습이 나타난 것을 뜻한다. 이것은 모두 거울에 나타난 영상처럼 허상虛像일 뿐인데 여기에 좋아하고 싫어하는 감정을 일으켜 분별하는 상태가 지상이다. 상속상相續相은 지상에 의해 생긴 선악善惡, 애증愛憎 등의 망령된 분별이 일어나, 이 분별이 일단 생긴 뒤에는 끊어지지 않고 계속되어 '괴롭다, 즐겁다' 하는 감정적 분별의 생각이 이어지는 것을 말한다. 집취상執取相은 상속상에 의하여 일어난 고락苦樂의 경계에 대하여 집착하는 마음을 일으켜 싫은 것은 배격하고 좋은 것은 놓치지 않으려고 애를 쓰면서 아집我執과 아욕我慾이 깊어 가는 상태다. 계명자상計名字相은 집취상에 의하여 일어난 아집을 통해 집착의 대상에 이런저런 이름을 붙여 다시 이를 분별하고 계교하는 것을 말한다. 기업상起業相은 분별계교를 통해 선악의 업을 짓는 것이며, 업계고상業繫苦相은 업을 지어 과보를 받아 마침내 삼계三界 육도六道에 윤회하면서 업력業力에 얽매여 고통을 받으며 생사를 거듭하는 상태를 말한다.

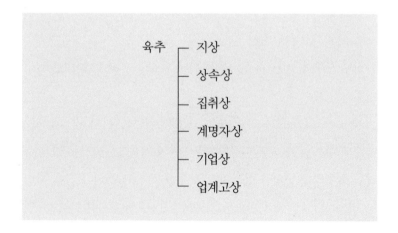

육추 ─ 지상
     ─ 상속상
     ─ 집취상
     ─ 계명자상
     ─ 기업상
     ─ 업계고상

31

깨달음과 깨닫지 못함이
같기도 하고 다르기도 하다

각과 불각의 동이 覺과 不覺의 同異

復次覺與不覺이 有二種相하니 云何爲二오. 一者는 同相이요, 二者는 異相이라. 言同相者는 譬如種種瓦器가 皆同微塵의 性과 相인달하야 如是無漏無明의 種種業幻이 皆同眞如의 性과 相이니라. 是故로 脩多羅中에 依於此眞如義하야 故로 說一切衆生이 本來常住하야 入於涅槃이며 菩提之法은 非可修相이며 非可作相이며 畢竟無得이며 亦無色相可見이라 하시니라. 而有見色相者는 唯是隨染業幻의 所作이요, 非是智의 色不空之性이니 以智相은 無可見故라. 言異相者는 如種種瓦器 各各不同인달하야 如是無漏와 無明이 隨染하는 幻이 差別이며 性이 染하는 幻이 差別故니라.

깨달음과 깨닫지 못함은 두 가지 양상을 가지고 있다. 같은 점과 다른 점이다. 같은 점은 여러 종류의 질그릇들이 모두 같은 흙의 성질과 모양으로 만들어졌듯이 새지 않는 성품의 공덕과 무명의 온갖 업의 허깨비가 모두 동일한 진여의 성품과 모습이다. 이렇기 때문에 경에서도 이 뜻에 의지하여 "일체 중생이 본래 항상 그대로 열반에 들었으며, 보리의 법은 닦는 상태가 아니며 만드는 상태도 아니며, 더 이상 얻을 것이 없으며, 물질적 형상[色相(색상)]을 볼 수도 없는 것"이라 설하였다. 물질적 형상을 볼 수 있다는 것은 오직 오염된 환경을 따른 업의 헛것으로 만들어진 것일 뿐이지 지혜 자체의 물질적 형체가 비어 있지 않은 성질[不空(불공)]을 지닌 것은 아니다. 깨달음에서 얻어지는 지혜 자체의 모습은 볼 수가 없기 때문이다.

다른 점은 온갖 종류의 질그릇이 모두 다 다른 것처럼 '새지 않는 성품의 공덕'과 '무명'이 오염의 정도에 따라 허깨비가 차별되며, 성품이 오염되는 허깨비도 차별되게 된다.

【해설】

각과 불각은 같은 면을 가지고 있으면서 동시에 다른 면을 가지고 있다. 이미 아뢰야식의 설명에서 물과 파도의 관계에 비유하여 비일비이非一非異라 하였듯이 각과 불각의 양상이 같은 바탕에서 나누어졌기에 실재적인 면에서는 동일하다. 흙으로 만든 그릇의 여러 종류가 외형상으로는 전부 다르지만 모두 똑같은 재료인 흙으로 만들어졌다는 점에서는 동일한 것이다. 조금도 하자가 없는 각이나 무명에 의해 생긴 비실재적인 환과 같은 불각이 기실은 모두 진여를 본성으로 하고 있다. 이렇기 때문에 모든 중생이 본래부터 항상 열반에 들어 있다고 하는 것이다. 왜냐하면 중생의 본질이 진여를 근원으로 하기 때문이다. 이러한 측면에서 바라보면 '각'은 닦는 것이거나 만들어지는 것도 아니며, 또한 얻을 대상인 어떤 목적물도 아니며, 또 각은 가시적인 물질 형태가 아니며, 가시적인 형태가 있다면 이는 다만 번뇌의 오염으로 생기는 것일 뿐이므로 각에 갖추어진 지혜 그 자체는 가시적인 형태가 있지 않은 공한 것이어서 볼 수가 없다고 한다.

한편 각과 불각이 다르다고 하는 것은, 비록 진여의 본성 그대로는 각이지만, 인간의 의식에 의하여 세속적 환경에 오염된 모습으로 변질되기에 현상적인 측면에서 설명한 말이다.

32

생겼다 소멸되는 인연은
의식이 구르기 때문이다

생멸인연과 의전 生滅因緣과 意轉

復次生滅因緣者는 所謂 衆生이 依心하야 意와 意識이 轉故니라. 此義云何오. 以依阿黎耶識하야 說有無明이니 不覺而起하야 能見能現하며 能取境界하야 起念相續할새 故說爲意니라.

생겼다가 소멸되는 인연이란 중생이 마음에 뜻과 의식이 굴러지기 때문이다. 무슨 뜻인가 하면, 아뢰야식에 의하여 있는 무명이 깨닫지 못한 상태가 되어 한 생각이 일어나 능히 보고 능히 나타내며 경계를 취해 생각을 계속 일으킨다는 것이다.

【해설】

생멸인연이란 마음이 움직이는 과정을 설명한다. 본래 생멸을 여읜 진여, 곧 각이 불각의 연을 만나 움직이는 것이니 이때 각이 인因이 되고 불각이 연緣이 된다. 물이 바람에 의해 움직이는 성질이 있는 것처럼 진여인 각은 연을 따라 움직이는 성질이 있다. 최초의 움직임이 일어나는 상태를 각과 불각이 어우러진 아뢰야식이라고 한다. 이 아뢰야식은 다시 말하면 진여가 무명에 의하여 흔들린 상태이다. 이 흔들리는 마음인 아뢰야식으로부터 의와 의식이 전개되면서 능견상과 경계상이 생기고 주관과 객관이 벌어지게 된다. 그리하여 주관과 객관이 상대하면서 경계를 취하고 경계를 취하여 생각을 이어가는 것을 의意라고 한다. 마치 물이 흘러가면서 물줄기를 이루는 것과 같이 생각이 앞뒤로 이어지는 상태가 바로 의[뜻]이다.

33

다섯 가지 뜻

오의 五意

此意에 復有五種名하니 云何爲五오. 一者는 名爲業識이니 謂無
明力으로 不覺心動故요, 二者는 名爲轉識이니 依於動心하야 能
見相故요, 三者는 名爲現識이 所謂能現一切境界라. 猶如明鏡
이 現於色像인달하야 現識도 亦爾하야 隨其五塵하야 對至卽現하
되 無有前後니 以一切時에 任運而起하야 常在前故요, 四者는
名爲智識이니 謂分別染淨法故요. 五者는 名爲相續識이니 以念
과 相應不斷故라. 住持過去無量世等의 善惡之業하야 令不失
故며 復能成熟 現在未來 苦樂等報하되 無差違故며 能令現在
已經之事로 忽然而念하며 未來之事로 不覺妄慮케 하나니라. 是
故로 三界虛僞하야 唯心所作이니 離心하면 則無六塵境界니라.

이 뜻[意(의)]에 다섯 가지가 있다. 첫째, 업식으로 무명의 힘
으로 깨닫지 못한 상태의 마음이 움직이는 것이다. 둘째, 전식으

로 움직이는 마음을 의지해서 능히 보는 상태가 되는 것이다. 셋째, 이름을 현식으로 능히 일체 경계를 나타내는 것을 말한다. 마치 깨끗한 거울이 거울에 비친 색상을 나타내 주는 것처럼 현식도 색깔, 소리, 냄새, 맛, 촉감 등을 따라 상대가 이르면 곧 나타내되 앞뒤의 순서가 없다. 언제든지 임의로 일어나서 항상 앞에 있다. 넷째, 지식으로 오염된 상태와 깨끗한 상태를 분별한다. 다섯째, 상속식이다. 생각이 서로 응해 끊어지지 않고 과거 한량없는 세상의 선악의 업을 지녀서 유실되지 않게 하며, 능히 현재나 미래의 괴로움이나 즐거움 등의 과보를 성숙시켜 어긋나지 않게 하며, 현재 이미 경험한 일을 홀연히 생각나게 하며, 미래의 일을 별안간 생각하게 한다. 이렇기 때문에 중생의 세계인 욕계, 색계, 무색계의 삼계三界는 헛되고 거짓되어 오직 마음이 만든 것이다. 마음을 떠나면 곧 육진의 경계도 없게 된다.

【해설】

다시 의意를 다섯 가지 식識으로 설명하고 있다. 무명의 힘에 의해 불각의 마음이 움직이는 것이 업식業識이고 이에 의해 주관적인 생각이 일어나는 것을 전식轉識이라고 한다. 능동적으로 무엇을 보고 생각하고자 하는 이 전식이 능히 객관 경계를 나타낼 때 현식現識이 된다. 마치 거울이 색상을 나타내 주는 것과 같다. 오관五官[眼耳鼻舌身(안이비설신)]이 그 대상[色聲香味觸(색성향미촉)]을 만날 때 나타나되 어느 것이 먼저고 나중인 선후가 없이 언제 어디서든지 끊임없이 경계를 나타내 주는 식이다. 이상의 세 가지 식은 시간적으로 단멸이 없기 때문에 아뢰야식, 곧 본식本識에 속한다고 원효 스님의 『해동소』에서는 밝히고 있다. 또한 이 세 식은 지말불각枝末不覺을 설명할 때의 삼세三細에 해당한다.

다음 지식智識은 육추六麤의 지상智相으로 더럽고 깨끗하다는 대상에 대한 분별을 일으키는 식이다. 또 이 식을 제7식, 곧 말나식末那識manas으로 보는데 인간의 모든 이기적인 고집을 일으키는 것이기 때문이라 한다. 아치我痴, 아견我見, 아애我愛, 아만我慢 등이 모두 이 식 안에 잠재되어 있다는 것이다. 상속식相續識은 상속상을 식으로 말하는 것인데 어떤 객관적 사물 또는 개념에 대한 관념이 항상 마음속에 숨어 깃들어서 오랫동안 지속 유지되는 상태를 말한다. 이 식은 사랑으로 말미암은 번뇌[愛取煩惱(애취번뇌)]를 일으키기 때문에 과거에 저지른 잘못된 행위의 결과를 현재까지 계속 유지되게 하며, 또 하나의 번뇌가 또 다른 번뇌를 조장하여 번식시켜 가는 윤생번뇌潤生煩惱를 일으켜 과거의 업에 대한 과보果報를 계속 일으켜 조금도 어긋남이 없게 한다. 이리하여 과거·현재·미래의 삼세三世를 통해 인과가 유전하여 끊어지지 않게 된다. 앞의 지식智識과 상속식相續識의 차이는 지식은 미세한 분별을 기능으로 하는 반면 상속식은 매우 조잡한 분별을 일삼는다. 그러므로 상속식을 일반적 의미의 의식의 범주 속에 넣는다.

이상과 같은 이론에 입각하여 삼계三界가 거짓된 것이며 오직 마음이 빚어낸 바라 하였다. 마음을 의지하여 일어난 현상의 세계는 모두 생각이 지어낸 결과로 비실재적인 것이다. 욕심에 의해 빚어진 세계[欲界(욕계)]나 물질과 형상의 세계[色界(색계)]나 관념이나 정신의 세계[無色界(무색계)]의 세 경우가 모두 마음에 의해서 만들어진 세계로 마음이 없으면 세상의 경계도 없다고 하였다.

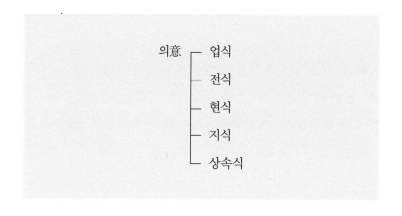

34

모든 분별은
자기 마음을 분별하는 것이다

일체분별은 분별자심 一切分別은 分別自心

此義云何오 以一切法이 皆從心起하야 妄念而生이라. 一切分別이 卽分別自心이니 心不見心이라 無相可得이니라. 當知世間一切境界가 皆依衆生無明妄心而得住持하니 是故로 一切法이 如鏡中像하야 無體可得이며 唯心虛妄이니 以心生則種種法生하고 心滅則種種法滅故니라.

무슨 뜻이냐 하면 일체 법은 마음으로부터 일어나서 망령된 생각으로 생긴 것이다. 모든 분별은 자기 마음을 분별하는 것이요, 마음은 마음을 보지 못한다. 따라서 모양이 찾아지지 않는 것이다. 반드시 알고 있어야 할 점은 세상의 모든 경계가 모두 중생의 무명으로 인한 허망한 마음에 의해 머물고 있는 것이다. 그러므로 일체의 존재는 거울 속의 영상과 같아서 실체를 찾을 수 없다. 오직 마음에 의해 생긴 허망한 것일 뿐이다. 따라서 마음이 생기면 가지가지 법이 생기고, 마음이 없어지면 가지가지 법도 없어지는 것이다.

【해설】

일체 법이 마음으로부터 일어나고 망령된 생각에 의하여 차별이 생기므로 결국 모든 분별은 자기 마음을 분별하는 것이라는 결론이다. 모든 존재의 중심이 마음이기 때문에 마음이 빚어낸 경계가 마음 밖에 따로 있는 것이 될 수 없다. 그런데 이 마음의 본체는 능견과 소견의 상대가 벌어지는 게 아니어서 마음이 마음을 보지 못한다. 다시 말해 보이는 대상인 객체가 없기에 자심을 분별하는 분별이 헛된 것이므로 실체가 없다는 것이다. 마치 꿈속에서 무엇을 보는 경우 실제로 보는 바가 아니므로 보는 것이 없다는 말이다.

다시 마음을 따라 생기고 마음을 따라 없어지는 법의 허망성이 거울에 나타나는 영상影像과 같아 그 실체를 찾을 수 없다고 하였다. 『화엄경』에서도 일체유심조一切唯心造라 하여 모든 법의 생멸이 마음에 의해서 있는 것이라 하였다.

원효 스님이 해골 썩은 물을 마시고 이 이치를 깨달았다는 설화가 있다. 의상 스님과 함께 법을 구하기 위하여 당나라에 들어가다가 노숙을 하게 된 원효 스님이 한밤중에 잠을 자다 갈증이 일어나 잠을 깼다. 어둠 속에서 물을 찾아 헤매다 마침 조그마한 웅덩이에 고인 물이 손끝에 감지되어 입을 대고 마셨다. 갈증을 해소하고 다시 잠을 잔 뒤 이튿날 깨어 길을 떠나려다 보니 어젯밤에 마셨던 웅덩이의 물은 사람의 해골이 썩어 고여 있는 물이었다. 갑자기 원효 스님은 속이 메스껍고 구토증이 올라옴을 느꼈다. 그 순간 원효 스님의 머리에 섬광처럼 지나가는 한 생각이 번쩍하였다. 해골 썩은 물이라는 사실을 안 탓으로 비위가 상하는 것이었다. 몰랐다면 아무렇지도 않았을 일인데 해골을 보았으므로 기분이 좋지 않은 이것이 바로 마음의 장난이라는 것을 깨달았다.

"마음이 생기니 가지가지 법이 생기고 마음이 없어지니 가지가지 법이 없어지는구나. 삼계가 오직 마음일 뿐이요, 만법이 인식하는 생각에 좌우되도다. 마음 밖에 법이 없으니 어찌 달리 구할 것이 있겠는가? 나는 당나라에 갈 필요가 없다(心生則 種種法生 心滅則 種種法滅 三界唯心 萬法唯識 心外無別法 胡用別求 我不入唐)."

이와 같이 독백하던 원효 스님은 가던 길을 되돌아 신라로 돌아오고 말았다. "마음이 생기면 법이 생기고 마음이 없어지면 법이 없어진다"라는 이 말은 원래 『능가경』에 설해져 있다.

35

의식이 구르다

의식전 意識轉

復次 言意識者는 卽此相續識이니 依諸凡夫가 取著轉深하야 計我我所하야 種種妄執하야 隨事攀緣하야 分別六塵일새 名爲意識이니라. 亦名分離識이며 又復說名分別事識이니 此識이 依見愛煩惱하야 增長義故니라.

　의식이 구른다는 것은 곧 상속하는 식이다. 범부들이 어떤 대상을 취하려는 것이 점점 깊어짐에 의해 '나'니 '내 것'이니 계교해서 가지가지 부질없이 집착해서 상황을 따라 관계를 맺어 육진을 분별하기 때문에 이름을 의식이라 한다. 또한 '나누어 떼어 놓는 분리식'이라고도 하며 사물을 분별하는 '분별사식'이라고도 하는데, 이 식이 지적知的이고 정적情的인 번뇌에 의해 늘어나고 커지기 때문이다.

【해설】

'의식은 곧 상속식'이란 의식이 집착을 일으켜 사물에 대해 '나'다 '내 것'이다 하는 생각이 지속적으로 이어지기 때문이다. 또 육근[眼耳鼻舌身意(안이비설신의)]이 육진[色聲香味觸法(색성향미촉법)]을 대하여 경계를 분리시키면서 번뇌를 일으키므로 분리식이라 하며 안팎의 모든 사물의 양상을 분별하기 때문에 분별사식이라 한다. 견애번뇌에서 견見은 지적知的인 것이고, 애愛는 정적情的인 것이다. 이론적인 면과 실천적인 면에서 생기는 의심이나 오해 따위를 합쳐서 견애번뇌라고 한다. 다시 말하면 번뇌의 종류를 이치에 어두워 생기는 것을 견혹見惑이라 하고, 행위의 측면에 어두워 생기는 것을 수혹修惑이라 한다. 이치를 바로 깨달아 가는 길인 견도見道와 윤리적 실천을 완성해 가는 수도修道의 단계를 구분하여 견도위見道位에서 끊는 번뇌를 견혹, 수도위修道位에서 끊는 번뇌를 수혹 또는 사혹思惑이라 하는데 이지적理知的인 견혹은 끊기 쉬운 반면 감각적이고 육체적인 번뇌인 수혹은 끊기 어렵다고 보았다. 예로부터 견혹은 돌을 깨듯이 단박에 끊을 수 있다[頓斷如破石(돈단여파석)]고 하였고, 수혹은 헝클어진 실을 풀듯이 점점 끊는다[漸斷如藕絲(점단여우사)]고 하였다.

36

무명의 훈습

무명훈습 無明熏習

依無明熏習하야 所起識者는 非凡夫能知며 亦非二乘智慧所覺이니 謂依菩薩이 從初正信하야 發心觀察하야 若證法身이라도 得少分知하며 乃至菩薩究竟地라도 不能盡知요. 唯佛窮了니라. 何以故오. 是心이 從本已來로 自性淸淨이로대 而有無明이라 爲無明所染하야 有其染心하니 雖有染心이나 而常恒不變하니 是故로 此義는 唯佛能知니라. 所謂 心性이 常無念故로 名爲不變이요. 以不達一法界故로 心不相應하야 忽然念起를 名爲無明이니라.

무명의 훈습에 의해 일어난 식은 범부로서는 알 수가 없으며 또한 이승들(성문과 연각)의 지혜로도 깨닫지 못한다. 법신보살들이 처음 바른 믿음을 내고부터 발심하여 관찰해서 법신을 체험하더라도 조금밖에 알지 못하며, 나아가 보살의 마지막 지위에 이른이라도 다 알지는 못한다. 오직 부처님만이 다 아신다. 왜냐하면 이 마음이 본래부터 자체성품이 청정하되 무명이 있기에 무명에 오염되어서 오염된 마음이 있게 된다. 비록 오염된 마음이 있으나 본래의 청정함이 항상 변하지 않기 때문에 이 이치는 오직 부처님만이 능히 알 수 있을 뿐이다. 이른바 마음의 성품은 항상 망념이 없는 까닭에 변하지 않는다[不變(불변)] 하고, 전일적인 한 법계를 통달하지 못하므로 본래 그대로의 참마음과 상응하지 못해 홀연히 망념이 일어나는 것을 무명이라 한다.

【해설】

무명의 훈습에 의하여 일어난 식이란 아뢰야식을 말한다. 삼세육추三細六麤에서 설명되듯이 이 아뢰야식은 미세한 가운데 미세한 것으로[細中細(세중세)] 부처님만이 능히 끊는 것이라 하였다. 마음의 본체는 불가사의하다. 맑고 깨끗하면서 물들어져 오염된 것이고, 고요하면서 동시에 움직이는 것이다. 이러한 염·정染·靜과 동·정動·靜은 상대적인 별개의 상태이지만 결코 개체적으로 분리되는 별개의 것이 아닌 비일비이非一非異이므로 알기 어렵다. 일법계를 요달하지 못한다는 말은 깨닫지 못한 상태로 곧 본래의 청정이 망념에 의해 가려지는 것이다.

37

여섯 가지 물든 마음

육염심六染心

染心者는 有六種하니 云何爲六고. 一者는 執相應染이니 依二
乘解脫과 及信相應地하야 遠離故요, 二者는 不斷相應染이니
依信相應地하야 修學方便하야 漸漸能捨라가 得淨心地하야 究
竟離故요, 三者는 分別智相應染이니 依具戒地하야 漸離라가
乃至 無相方便地하야 究竟離故요, 四者는 現色不相應染이니
依色自在地하야 能離故요, 五者는 能見心不相應染이니 依心
自在地하야 能離故요, 六者는 根本業不相應染이니 依菩薩盡
地하야 得入如來地하야 能離故니라. 不了一法界義者는 從信
相應地하야 觀察學斷하야 入淨心地하야 隨分得離하며 乃至如
來地하야 能究竟離故니라.

물든 마음, 곧 오염된 마음에는 여섯 가지가 있다. 첫째는 '집착
에 얽혀 물들여진 마음'으로, 이승들의 해탈과 믿음이 응해지는

지위에서 멀리 떨어져 나가게 된다. 둘째는 '끊임없이 얽혀 물들여진 마음'으로, 믿음이 응해지는 지위에서 방편을 배워 닦아 '마음이 깨끗해진 지위'를 얻어 완전히 떠나게 된다. 셋째는 '분별지에 얽힌 물들여진 마음'으로, 계행이 갖춰진 지위에서 점점 떠나다가 모양 없는 방편지에 이르러 완전히 떠나게 된다. 넷째는 '객관적 형상을 나타내면서 원초적으로 물드는 것'으로, 형상에 자유자재한 지위에서 능히 떠난다. 다섯째는 '주관적 인식(능히 보는 마음)이 생기려는 단계에서 원초적으로 물들여진 마음'으로, 주관을 일으키는 마음이 자유롭게 된 지위에서 능히 떠난다. 여섯째는 '근본 움직임이 시작되는 단계에서 원초적으로 물들여진 마음'으로, 보살의 수행과정을 마치고 여래의 지위에 들어가 이 마음에서 떠나게 된다. 전일적인 하나의 법계를 통달하지 못한 자는 믿음이 상응하는 지위에서부터 관찰해 끊는 것을 배워 마음이 깨끗한 지위에 들어가서 조금씩 무명에서 떠나게 되며, 여래의 지위에 이르러서 완전히 무명에서 떠나게 된다.

【해설】

맑고 깨끗한 진여의 마음이 무명에 의하여 흔들리어 오염의 양상을 띠는 것을 상응하는 모습과 상응하지 않는 모습으로 설명한다. 이에 여섯 단계가 있어 미세한 상태에서부터 점점 거칠어져 가는 과정의 물든 마음[染心(염심)]이 있는데 이것들이 어떤 수행의 지위에서 끊어지는가 하는 것을 밝힌다. 물든 마음이란 물든 생각으로, 망념이 일어난 원초적 상태에서 파생되어 그 농도가 짙어 가는 상황을 여섯 가지로 전개하였다. 이것은 삼세육추三細六麤의 구상차제九相次第에서 기업상起業相과 업계고상業繫苦相을 제외한 칠상七相으로 설명한 것이다.

육염의 불상응염은 삼세인 업상, 전상, 현상에 해당하고 상응염은 지상, 상속상, 집취·계명자상에 해당한다. 다만 계명자상과 집취상은 두 상이 집상응염을 이루는 것이다. 상응염은 주객이 나누어진 이후의 거친 모습으로 나타나는 파생적인 생각이라면 불상응염은 미세한 원초적인 생각이라 할 수 있다.

믿음이 상응하는 지위[信相應地(신상응지)]란 보살의 수행단계 중 십주의 지위를 말하고, 마음이 깨끗해진 지위[淨心地(정심지)]는 십지의 초지初地인 환희지歡喜地를 말한다. 수행의 지위가 높아갈수록 물든 생각이 거친 파생적인 것에서 미세한 원초적인 것에 이르기까지 차례로 제거되어 나간다는 뜻이다.

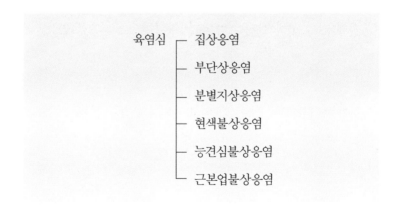

38

상응하고 상응하지 않는 뜻

상응불상응의 相應不相應義

言相應義者는 謂心念法이 異하야 依染淨差別하야 而知相緣相이 同故요, 不相應義者는 謂卽心不覺이라. 常無別異하니 不同知相緣相故니라.

　상응이란 마음, 곧 생각하는 주체와 생각되어지는 대상인 객체가 분리된 상태로 다르지만 물들었는가 물들지 않았는가의 차별에 의해 인식 주체의 지상知相과 생각되어지는 객체인 연상緣相이 일치되는 동일성이 있다. 상응하지 않는 것은 마음이 깨닫지 못한 상태라 항상 '본래 깨달음'과 '깨닫지 못함'이 함께 있어 다른 것이 아니나, 깨달음은 깨끗하고 깨닫지 못함은 물들어 지상과 연상의 관계에 일치되는 동일성은 없다.

【해설】

상응이란 생각하는 주체인 마음(이를 심왕이라 한다)과 생각되어지는 대상인 객체(이를 심소라 한다)가 동일성으로 나타나는 것을 말한다. '지상'이란 심왕이고 '연상'이란 심소인데, 생각하는 마음 자체가 깨끗하면 생각되어진 대상도 깨끗하고, 생각 자체가 물들었으면 생각되어진 대상도 물든 바가 되어 둘 사이에 어떤 일치성이 있는 게 상응이다. 불상응이란 아뢰야식이 심진여의 체體인 '각'과 심생멸의 상相인 '불각'이 각각 깨끗하고 더러운 다른 모습으로 있기에 동일하지 않은 것을 말한다.

39

번뇌의 장애와 지혜의 장애

번뇌애와 지애 煩惱礙와 智礙

又染心義者는 名爲煩惱礙니 能障眞如根本智故요. 無明義
者는 名爲智礙니 能障世間自然業智故라. 此義云何오. 以依
染心하야 能見하고 能現하며 妄取境界하야 違平等性故며 以一
切法이 常靜하야 無有起相이로되 無明不覺하야 妄與法違故로
不能得隨順世間一切境界하야 種種知故니라.

또 마음이 물들어졌다는 것은 '번뇌의 장애'를 뜻하는 바로, 진
여가 가진 근본의 지혜를 장애하고, 무명이란 지혜를 장애하는
뜻으로 '세간의 본래 그대로 활동하는 지혜'를 장애한다. 무슨 뜻
이냐 하면, 물들어진 마음에 의해 능히 보고 능히 나타내며 망령
되이 경계를 취하여 평등한 성품을 어기기 때문이며, 일체의 법이
항상 고요해서 일어나는 모습이 없으나 무명으로 인해 깨닫지 못
하여 법을 어기게 되므로 세간의 일체 경계를 따라서 가지가지로

모르는 상태가 되어 버린다.

염심이란 망념이 일어난 상태, 곧 마음이 물들어진 상태이므로 번뇌를 말한다. 이 번뇌는 참되고 한결같은 마음이 본래 지니고 있는 지혜를 드러나지 못하게 방해한다. 마음이 물들어지면 주관과 객관이 대립적으로 서게 되고 또한 차별의식이 생겨 본래의 평등성을 잃어버린다. 물든 생각이 일어나는 원인은 무명에서 비롯되고, 이 무명을 지애智礙라 하는데 지혜롭지 못하기에 생기는 장애라는 뜻이다.

40

생멸의 모습이
거친 것과 미세한 것

생멸상의 추세 生滅相의 麤細

復次分別生滅相者는 有二種하니 云何爲二오. 一者는 麤니 與
心相應故요, 二者는 細니 與心不相應故라. 又麤中之麤는 凡
夫境界요, 麤中之細와 及細中之麤는 菩薩境界요, 細中之細는
是佛境界니라. 此二種生滅이 依於無明熏習而有하니 所謂依
因依緣이라. 依因者는 不覺義故요, 依緣者는 妄作境界義故니
라. 若因滅則 緣滅하나니 因滅故로 不相應心이 滅하고 緣滅故
로 相應心이 滅하나니라.

생멸의 모습을 분별하면 거친 것과 미세한 것의 두 가지가 있
다. 거친 모습은 주관과 객관이 나누어진 상태에서 일어나며, 미
세한 모습은 주관과 객관이 나누어지지 않은 상태에서 일어나는
것이다. 또 거친 모습 가운데 거친 모습은 범부의 경계이고, 거친
모습 가운데 미세한 모습과 미세한 모습 가운데 거친 모습은 보

살이 경계이며, 미세한 모습 가운데 미세한 모습은 부처님의 경계
이다. 이 두 가지 생멸이 무명의 훈습에 의해 있게 된다. 말하자면
직접적인 원인[因(인)]에 의하고 간접적인 조건[緣(연)]에 의한다. 직
접적인 원인에 의한다는 것은 깨닫지 못한 자체의 뜻이며, 간접적
조건에 의한다는 것은 망령되이 경계가 만들어진다는 뜻이다. 만
약 직접적인 원인이 소멸되면 간접적인 조건도 소멸된다. 직접적
인 원인이 소멸되면 주관과 객관이 나눠지지 않은 상태에서 원초
적인 생각이 일어나는 마음이 소멸되고, 간접적인 조건이 소멸되
면 주관과 객관이 나눠진 상태에서 야기되는 파생적인 생각이 일
어나는 마음이 없어진다.

【해설】

마음이 움직이는 모습이 거칠게 나타나는 경우와 미세하게 나
타나는 경우의 두 가지가 있다. 거친 모습이란 생각하는 주체와
생각되는 객체가 뚜렷이 구분되면서 그 사이에 밀접한 상관관계
가 형성된다. 미세한 모습은 아직 주객이 뚜렷이 나타나지 않은
채 원초적인 상태의 미세한 생각의 모습이다. 이 두 가지 모습으
로 물든 생각이 일어났다 없어졌다 하는 것은 모두 무명의 작용
때문인데 여기에는 직접적인 원인과 간접적인 계기가 있다. 직접
적인 원인은 밝게 알지 못하는 불각 때문이고, 간접적인 계기란
함부로 객관 대상을 만들어 가는 것이다. 이것이 인과 연이 되어
끊임없이 마음을 동요시키게 된다. 만약 원인이 없어지면 그에 따

라 생기는 계기도 소멸된다. 무명이 없어지면 주객의 분리가 없는 불상응심이 없어지고 계기가 없어지면 상응심, 곧 주객의 분리로 상호관계가 밀접한 파생적인 생각인 상응심이 없어진다.

41

마음에 생각이 일어나는 상태는 없어지지만
마음 그 본체는 없어지지 않는다

심상멸 심체비멸 心相滅 心體非滅

問曰 若心滅者인댄 云何相續이며 若相續者인댄 云何說究竟
滅고. 答曰 所言滅者는 唯心相滅이요, 非心體滅이니, 如風依
水而有動相이라. 若水滅者인댄 則風相이 斷絶하야 無所依止
어니와 以水不滅일새 風相相續하고 唯風滅故로 動相隨滅이언정
非是水滅이니라. 無明도 亦爾하야 依心體而動하나니 若心體滅
인댄 則衆生이 斷絶하야 無所依止어니와 以體不滅일새 心得相
續하고 唯癡滅故로 心相隨滅이언정 非心智滅이니라.

묻노라. 마음이 없어지게 되면 어떻게 상속하며, 만약 상속한다
면 어떻게 끝내 없어진다고 할 수 있는가?

답하노라. 없어진다고 하는 것은 마음에 생각이 일어난 상태의
마음이 없어진다는 뜻이지 마음 그 본체가 없어진다는 말이 아
니다. 바람이 불어 물을 움직여 파도가 일어나는 현상과 같다. 만

약 물이 없다면 파도는 일어날 수 없게 된다. 물이 없어지지 않으므로 파도가 계속되는 것이고 다만 바람이 그치면 파도도 따라 없어지지만 물은 없어지지 않는다. 무명도 그와 같아 마음의 본체에 의해 움직인다. 만약 마음 그 본체가 없어진다면 중생은 있을 수 없게 된다. 마음 그 본체가 없어지지 않기에 마음이 상속하고, 오직 어리석음만 없어지므로 마음에 생각이 일어난 상태가 따라서 없어질 뿐이지 마음의 지혜는 없어지지 않는다.

【해설】

생멸에 대한 의문을 제기하여 '끊임없이 이어지는 것[相續(상속)]'이라면 어떻게 그것이 멸할 수 있냐고 물었다. 여기에 관한 답변으로 심체가 아닌 심상이 멸한다고 하였다. 생각이 일어난 상태, 곧 망념이 심상이다. 우리가 흔히 말하는 심리적인 상태가 모두 심상에 해당한다. 무명이 마음 그 본체 즉 심체 상에서 일어난 것이지만 무명이 없어진다고 해서 심체가 없어지지는 않는다. 비유로 파도가 사라진다고 해서 물이 없어진 것은 아니라는 경우를 들고 있다.

42

네 가지 훈습

사종훈습 四種熏習

復次有四種法의 熏習義故로 染法淨法이 起不斷絶하나니 云何爲四오. 一者는 淨法이니 名爲眞如요, 二者는 一切染因이니 名爲無明이요, 三者는 妄心이니 名爲業識이요, 四者는 妄境界니 所謂六塵이니라. 熏習義者는 如世間衣服이 實無於香이로대 若人이 以香으로 而熏習故로 則有香氣인달하니 此亦如是하야 眞如淨法은 實無於染이로대 但以無明而熏習故로 則有染相하고 無明染法은 實無淨業이로대 但以眞如而熏習故로 則有淨用이니라.

네 가지 훈습하는 뜻이 있기 때문에 오염된 법과 청정한 법이 일어나 끊어지지 않고 계속된다. 첫째는 청정한 법으로 진여이며, 둘째는 일체 오염의 원인인 무명이며, 셋째는 망념이 일어난 마음으로 업식이며, 넷째는 망령된 경계로 육진을 말한다.

'훈습'이란 예를 들어 사람이 입는 옷에 본래 향냄새가 없었으나

향으로 냄새를 풍기면 옷에 향기가 배어 나는 경우에 해당한다. 진여인 청정한 법은 실로 오염되지 않았는데 다만 무명을 훈습했기 때문에 오염된 상태가 있다. 반면에 무명인 오염된 법은 실로 청정한 업이 없었지만 진여를 훈습했기에 청정한 작용이 있게 된다.

【해설】

훈습의 종류를 네 가지로 설명하는 대목이다. 진여에 의해서 무명이 훈습되면 무명에 없던 정법이 있게 되고 무명에 의해 진여가 훈습되면 진여에 없던 염법이 생기게 된다. 훈습이란 냄새가 스며들어 본래 없던 데에 그 냄새가 나는 현상을 두고 하는 말이다. 향기로운 냄새와 고약한 냄새의 둘 가운데 향기로운 냄새에 고약한 냄새가 스며들고 고약한 냄새에 향기로운 냄새가 스며들 때, 그것의 강도에 따라 냄새를 풍기는 양상이 달라진다. 즉 어느 쪽이 강한가에 따라 고약한 냄새가 약해지고 향기로운 냄새가 강해지는 반면에 향기로운 냄새가 조금밖에 나지 않고 고약한 냄새가 짙게 풍기는 경우가 있는 것처럼 진여와 무명, 곧 정법과 염법이 서로를 훈습하게 된다.

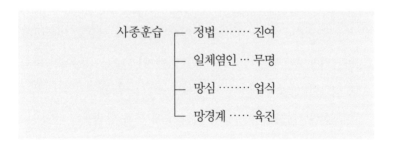

43

물들어진 오염된 법의 훈습

염법훈습 染法熏習

云何熏習하야 起染法不斷고. 所謂以依眞如法故로 有於無明이요. 以有無明染法因故로 卽熏習眞如요. 以熏習故로 則有妄心이요. 以有妄心하야 卽熏習無明하야 不了眞如法故로 不覺念起하야 現妄境界요. 以有妄境界染法緣故로 卽熏習妄心하야 令其念著하야 造種種業하야 受於一切身心等苦니라.

어떻게 훈습되어 오염된 법이 일어나 계속되는가? '참되고 한결같은 본래의 법'에 의해 무명이 있기 때문이다. 이 무명이 오염된 법의 직접적인 원인이므로 참되고 한결같은 본래의 법을 훈습하고, 훈습되었기에 망념이 일어나는 마음이 된다. 망념이 일어나는 마음의 상태에서 다시 무명을 훈습해서 참되고 한결같은 본래의 법을 알지 못하게 된다. 따라서 깨닫지 못한 상태의 망념이 일어나서 거짓된 경계를 나타낸다. 이 거짓된 경계의 오염된 법이 조건이 되어 다시 망념이 일어난 망심을 훈습해서 집착하는 생각을 하게 해 온갖 종류의 업을 지어 일체 몸과 마음의 괴로움을 받게 된다.

【해설】

진여의 법, 곧 '참되고 한결같은 본래의 법'에 의하여 무명이 있고 이 무명이 물들이는 오염의 원인이 되어 진여를 훈습한다. 그리하여 망령된 생각, 곧 주관적으로 사유하는 업식業識을 나타나게 하고 이것이 다시 무명에 훈습을 가한다. 그 결과 진여의 마음 그 자체를 깨닫지 못하므로 어리석은 생각들이 일어나 잘못 의식된 객관세계에 잡다한 현상을 출현시키게 된다. 그렇게 되면 이번에는 그릇 의식된 객관 대상세계의 잡다한 현상들이 어떤 계기가 되어 훈습이 또 일어나며, 다시 망령된 생각을 하게 되고 집착이 생겨 여러 가지 일을 저지르게 된다. 그리하여 육체적·정신적 고통을 받게 되는 것이다. 결국 중생이 괴로움을 받는 제일 큰 원인이 무명에서 시작되어 마음이 물들어져 오염된 상태가 되기 때문이라고 한다.

44

세 가지로 물들어진 오염된 훈습

삼종의 염훈습三種의 染熏習

此妄境界熏習義이 卽有二種하니 云何爲二오. 一者는 增長念熏習이요, 二者는 增長取熏習이니라. 妄心熏習義 有二種하니 云何爲二오. 一者는 業識根本熏習이니 能受阿羅漢과 辟支佛과 一切菩薩의 生滅苦故요, 二者는 增長分別事識熏習이니 能受凡夫의 業繫苦故니라. 無明熏習義 有二種하니 云何爲二오. 一者는 根本熏習이니 以能成就業識義故요, 二者는 所起見愛熏習이니 以能成就分別事識義故니라.

'의식된 대상인 객관의 거짓된 경계'가 훈습하는 데에는 두 가지가 있다. '망념을 조장하는 훈습'과 '집착을 조장하는 훈습'이다. 주관적 망념이 일어난 마음에서 훈습되는 것에도 두 가지가 있으니, 하나는 '업식이 일으키는 근본훈습'으로 이는 아라한들이나 벽지불, 그리고 보살들이 받는 생겨나고 없어지는 괴로움이다.

둘은 '분별사식을 조장하는 훈습'으로 범부들이 업에 묶인 괴로움을 받는 것이다. 또 무명훈습도 두 가지이다. 하나는 '근본훈습'으로 업식을 이루는 것이며, 둘은 일어난 자의식 속의 지적인 것과 정적인 것이 훈습하는 '견애훈습'으로 자꾸 분별사식을 만들어 가는 것이다.

【해설】

잘못 의식된 대상세계[妄境界(망경계)]가 일으키는 훈습에 두 가지가 있는데 하나는 망념을 증대시키는 훈습[增長念熏習(증장념훈습)]이요, 또 하나는 집착을 증대시키는 훈습[增長取熏習(증장취훈습)]이다. 이는 아집과 법집을 증대시키는 훈습으로 육추의 지상·상속상은 아집을 이루며 집취상·계명자상은 법집을 이룬다. 다음 주관적인 생각이 일으키는 훈습[妄心熏習(망심훈습)]에도 두 가지가 있다. 가장 근본적인 업식의 훈습[業識根本熏習(업식근본훈습)]이 있는데 이것으로 말미암아 아라한이나 연각, 보살들이 생멸하는 고통을 받고, 또 사물을 분별하는 식을 증대시키는 훈습[增長分別事識熏習(증장분별사식훈습)]이 있어 이로 인해 범부들이 좋지 않는 일을 하고 그 결과 고통을 받게 된다. 무명이 일으키는 훈습에도 또한 두 가지가 있다. 업식을 형성하는 근본훈습과 그릇된 소견으로 애착을 일으키는 견애훈습이다. 이것은 잡다한 사건들을 분별하는 식을 낳는다.

이상의 두 가지씩 설명된 훈습들은 모두 좋지 않은 방향으로 오염되어 내려오는 유전流轉의 과정을 설명한다. 다시 말하면 중생들이 각각覺을 등지고 업을 지어 고통을 받게 되는 염연기染緣起의 진행이다.

① 망경계훈습 ┌ 증장념훈습
               └ 증장취훈습

② 망심훈습 ┌ 업식근본훈습
             └ 증장분별사식훈습

③ 무명훈습 ┌ 근본훈습
             └ 소기견애훈습

45

깨끗한 법의 훈습

정법훈습 淨法熏習

云何熏習하야 起淨法不斷고. 所謂以有眞如法故로 能熏習無
明이요. 以熏習因緣力故로 則令妄心으로 厭生死苦하고 樂求
涅槃하나니 以此妄心이 有厭求因緣故로 卽熏習眞如하야 自信
己性하고 知心妄動이라. 無前境界하야 修遠離法하나니라. 以如
實知無前境界故로 種種方便으로 起隨順行하야 不取不念하며
乃至久遠熏習力故로 無明則滅이니라. 以無明이 滅故로 心無
有起요. 以無起故로 境界隨滅이요. 以因緣俱滅故로 心相皆
盡일새 名得涅槃하야 成自然業이니라.

'오염되지 않은 깨끗한 법'은 어떻게 훈습되어 일어나는가? 참
되고 한결같은 진여법이 있으므로 무명을 훈습하게 되고 훈습하
는 인연의 힘으로 망념이 일어난 마음이 나고 죽는 생사의 고통
을 싫어하고 열반을 구하는 것을 좋아한다. 이 망념이 일어난 마

음이 생사를 싫어하고 열반을 좋아하는 인연 때문에 진여를 훈습해서 자기의 성품을 스스로 믿고, 마음이 망령되이 움직이는 것으로 눈앞의 경계는 없는 것인 줄 알아서 멀리 떼어 내는 법을 닦는다. 눈앞의 경계가 없다는 것을 확실하게 알기 때문에 가지가지 방편으로 진여를 따르는 행을 일으켜 마음에 두지 않고 생각하지 않으면서 오랫동안 훈습하는 힘을 기르므로 무명이 소멸된다. 무명이 소멸되면 마음에 망념이 일어나는 것이 없어지고 따라서 경계가 사라진다. 인과 연, 곧 무명과 경계가 함께 없어지므로 마음에 생겨나고, 머물고, 달라지고, 소멸하는 심상이 다하여 열반을 얻어 '스스로의 본래 활동'을 이루게 된다.

【해설】

진여가 일으키는 훈습은 무명을 없애 가는 힘을 발휘한다. 진여의 훈습을 향기라 하면 무명의 훈습은 악취라 할 것이다. 향기가 강하면 악취가 소멸하고 악취가 강하면 향기가 없어진다. 마음이 일어난다는 말은 무명에 의하여 흔들리는 경우로 곧 생멸이 생기는 것이다. 이 생멸은 구체적으로 생·주·이·멸의 네 가지로 설명되지만 생멸하는 상태의 마음이므로 생멸심이다. 이 생멸심의 야기는 무명이 직접적인 원인이 되었으므로 무명이 없어지면 생멸이 없어지게 된다.

46

망념이 일어난 마음의 훈습

망심훈습 妄心熏習

妄心熏習義 有二種하니 云何爲二오. 一者는 分別事識熏習이
니 依諸凡夫二乘人等이 厭生死苦하야 隨力所能하야 以漸趣
向無上道故요. 二者는 意熏習이니 謂諸菩薩이 發心勇猛하야
速趣涅槃故니라.

'헛된 생각을 일으킨 마음'이 훈습하는 경우도 두 종류이다. 하
나는 '상황을 분별하는 식의 훈습'으로 범부나 성문, 연각의 수행
자들이 나고 죽는 고통을 싫어하고 능력에 따라 점차 위없는 도
에 나아가는 것이고, 둘째는 '의지의 훈습'으로 보살들이 용맹스럽
게 발심해서 속히 열반에 나아가는 것이다.

【해설】
망심훈습妄心熏習이란 주관적 생각이 진여를 회복해 가는 방향

으로 작용하는 것을 말한다. 진여가 무명을 없애 가는 것을 환멸연기還滅緣起라 하는데, 이는 주관적 생각이 타락적인 방향이 아닌 향상적인 방향으로 나아가는 것이다. 여기에 두 가지 훈습이 있다. 분별사식훈습分別事識熏習은 사물의 현상을 여러 가지로 분별하여 '좋다, 나쁘다' 하는 생각을 일으켜 어떤 의미를 추구하게 되는 경우이다. 가령 인생의 문제를 진지하게 생각하여 범속적 타성에 젖지 않고 종교적 의미나 철학적 의미를 추구하여 인간의 실상을 알려 하고 나아가 그 본질적 의미를 알고자 하는 것이다. 그리하여 현실적 고통의 문제를 극복해 나간다. 의훈습意熏習은 의식적인 어떤 느낌을 받아 결심을 하고 의지를 가져 용기를 내는 경우이다. 결국 망심훈습은 자각적 노력에 의하여 자신의 인생을 창조적으로 개선해 나가는 수행의 의지라고 할 수 있다.

망심훈습 ┌ 분별사식훈습
          └ 의훈습

47

진여훈습의 두 가지

진여훈습의 이종 眞如熏習의 二種

眞如熏習義 有二種하니 云何爲二오. 一者는 自體相熏習이요, 二者는 用熏習이니라. 自體相熏習者는 從無始世來로 具無漏 法하야 備有不思議業하며 作境界之性하나니 依此二義하야 恒 常熏習하야 以有力故로 能令衆生으로 厭生死苦하고 樂求涅 槃하고 自信己身에 有眞如法하야 發心修行케 하나니라.

참되고 한결같은 진여훈습도 두 가지가 있다. 자체에서 훈습되는 것과 작용에서 훈습되는 것이다. 자체에서 훈습되는 것이란 시작을 알 수 없는 때로부터 소모되지 않는 법을 갖추어서 불가사의한 활동력을 발휘하여 경계를 만드는 성질이 있다. 이 자체와 작용에 의해 항상 훈습이 되어 훈습하는 힘이 생기므로 중생들로 하여금 나고 죽는 고통을 싫어하고 열반을 구하기를 좋아하게 하고 자기의 몸에 진여법이 있다는 것을 스스로 믿게 해서 도 닦을 마음을 내어 수행하게 한다.

【해설】

　다시 진여의 훈습을 체와 용의 두 가지 면에서 설명하였다. 자
체상훈습自體相熏習은 진여 자체인 참되고 한결같은 마음이 조금
도 하자가 없는 완전성을 가지고 있기에 여기서 저절로 훈습하는
능력이 나오는 것을 말한다. 이것이 바로 수도의 결과로서 얻어지
는 마지막 목표가 된다. 보통의 범부들이 발휘할 수 없는 초인적
능력이 진여 자체의 본성에 갖추어져 있는데 이것이 드러나면 일
체의 고통과 무지는 사라지게 된다. 다시 말하면 참되고 한결같은
진여 자체인 마음에는 아무런 욕망과 고통이 없다. 본성이 밝고
깨끗하여 불가사의한 능력을 지니고 있다는 각의 설명에서 이미
밝힌 바와 같이, 자기의 전인격 속에 들어 있는 완전성을 향하여
진여의 훈습이 일어날 수 있다. 다만 이 진여를 통한 훈습이 내적
인 면과 외적인 면의 안팎으로 이루어진다.

진여훈습 ┌ 자체상훈습
　　　　 └ 용훈습

48

왜 진여를 믿지 못하는가

문답 問答

問曰 若如是義者인댄 一切衆生이 悉有眞如라 等皆熏習이어
늘 云何有信無信이며 無量前後差別고. 皆應一時에 自知有眞
如法하야 勤修方便하야 等入涅槃이로다. 答曰 眞如는 本一이나
而有無量無邊無明이 從本已來로 自性差別하야 厚薄이 不同
故로 過恒沙等上煩惱 依無明하야 起差別하며 我見愛染煩惱
依無明하야 起差別하나니 如是一切煩惱 依於無明所起라 前
後無量差別을 唯如來能知故니라.

일체 중생 모두가 진여를 가지고 있다. 그렇다면 똑같이 모두
훈습할 수 있어야 할 것인데 어째서 믿는 이가 있고 믿지 않는
이가 있어 사람마다 다른가? 응당 모두가 진여법이 있다는 것을
알아 부지런히 방편을 닦아서 똑같이 열반에 들어가야 할 것이
아닌가?

진여는 본래 하나다. 그러나 헤아릴 수 없이 한없는 무명이 본래부터 자체의 성질이 차별된 것이기에 두텁고 엷음의 정도가 사람에 따라 다르다. 갠지스 강 모래 수보다 많은 번뇌가 무명에 의해 차별되고 나를 고집하는 애욕에 물든 번뇌가 무명에 의해 차별된다. 이처럼 일체 번뇌가 무명에 의해 일어나 그 차별이 한량이 없는 것은 부처님 외에는 알 수가 없다.

【해설】

중생이 누구나 진여를 가지고 있으면서도 진여에 의한 훈습을 받는 경우도 있고, 그렇지 않은 경우가 있는 이유를 밝힌 대목이다. 중생들이 가진 번뇌에 엷고 두터운 차이가 있으며 또 중생들이 만나는 외적인 연緣, 곧 간접적인 계기에 차별이 있기 때문이라는 것이다. 무명에서 일어난 번뇌는 사람마다 차이가 있기에 진여를 믿는 사람이 있는가 하면 믿지 않는 경우도 있게 된다고 한다. 다시 말하면 진여는 본래 하나이나 사람의 마음을 어지럽히는 번뇌는 헤아릴 수 없는 차별상을 띠고 있어 처음부터 한결같지가 않다는 뜻이다.

49

부처님 법에도
인연이 갖춰져야 한다

불법인연 佛法因緣

又諸佛法이 有因有緣하니 因緣이 具足하야사 乃得成辦하나니라. 如木中火性이 是火正因이나 若無人知하야 不假方便하면 能自 燒木이 無有是處인달하야 衆生도 亦爾하야 雖有正因熏習之力 이나 若不遇諸佛菩薩善知識等이 以之爲緣하면 能自斷煩惱 하야 入涅槃者 則無是處니라. 若雖有外緣之力이나 而內淨法 이 未有熏習力者면 亦不能究竟에 厭生死苦하야 樂求涅槃이 니라. 若因緣이 具足者는 所謂自有熏習之力하고 又爲諸佛菩 薩等의 慈悲願護故로 能起厭苦之心하야 信有涅槃하야 修習 善根하며 以修善根成熟故로 則値諸佛菩薩의 示敎利喜하야 乃能進趣하야 向涅槃道니라.

부처님 법에도 직접적인 원인인 인因과 간접적인 조건인 연緣 이 있다. 이 인연이 갖춰져야 무언가가 이루어질 수 있다. 나무에 내재되어 있는 불의 성질이 불을 일으키는 직접적인 원인이지만, 만약 사람들이 알지 못해서 방편을 쓰지 아니하면 불이 일어나 나무를 태울 수가 없다. 이와 같이 중생들도 비록 바른 원인이 되는 훈습하는 힘이 있으나 불보살이나 선지식을 만나 어떤 계기를 삼지 아니하면 스스로 번뇌를 끊고 열반에 들어갈 수가 없다. 비록 밖으로 계기가 되는 힘이 있으나 안으로 깨끗한 법이 훈습된 힘이 있지 않으면 능히 더 이상 나고 죽는 괴로움을 싫어하고 기꺼이 열반을 구할 수가 없다. 만약 인연이 갖추어진 자는 이른바 스스로 훈습한 힘이 있고 또 불보살의 자비로 구원하고 보호해 주는 탓에 능히 괴로움을 싫어하고 열반이 있다는 것을 믿어 선근을 닦아 익히며, 선근을 닦는 것이 성숙된 탓에 부처님과 보살들이 보여 주고 가르쳐 주고 이롭게 해 주며 기쁘게 해 주는 때를 만나 더욱 진취적으로 열반의 길로 향하게 된다.

【해설】

부처의 가르침이 중생에게 전해지는 데 있어서는 내적인 원인과 외적인 조건이 다 갖추어져야 성립되는 하나의 통칙通則이 있다. 예를 들면 나무를 마찰시키면 불이 나게 된다. 나무 속에 불의 인[火因(화인)]이 있어 내적인 원인이 되고 나무에 불이 붙도록 나무를 마찰시키는 사람의 행위는 외적인 계기를 마련해 주는 것이다. 나무를 서로 문질러서 열을 발생시켰을 때 불이 붙게 되는 것이지 그냥 놔두면 저절로 불이 나무에서 발생되지는 않는다.

중생의 경우도 이와 같아 마음속에 무명을 타파할 만한 진여의 훈습력인 내적 원인도 있지만, 만일 지혜로운 진정한 구도자나 좋은 스승을 만나는 등 외적인 계기가 없으면 스스로 번뇌를 끊고 열반에 들어가기는 어렵다. 또 만약 외적인 계기가 있다고 하더라도 내면에서 깨끗한 마음이 훈습력을 발휘하지 못한다면 생사의 고통을 벗어날 수는 없다. 따라서 내적인 원인과 외적인 계기, 바로 인因과 연緣이 동시에 갖추어질 때 안으로는 훈습하는 힘을 가지고 밖으로는 부처님과 보살의 원호援護를 만나 누구든지 열반에 들어갈 수 있게 된다.

50

작용에 의한 훈습과
여러 가지 차별된 조건

용훈습과 차별연 用熏習과 差別緣

用熏習者는 卽是衆生의 外緣之力이니 如是外緣이 有無量義어니와 略說二種하리라. 云何爲二오. 一者는 差別緣이요, 二者는 平等緣이니라. 差別緣者는 此人이 依於諸佛菩薩等하야 從初發意하야 始求道時로 乃至得佛히 於中에 若見若念하면 或爲眷屬父母諸親하며 或爲給使하며 或爲知友하며 或爲怨家하며 或起四攝하며 乃至一切所作無量行緣으로 以起大悲熏習之力하야 能令衆生으로 增長善根하야 若見若聞에 得利益故라. 此緣이 有二種하니 云何爲二오. 一者는 近緣이니 速得度故요, 二者는 遠緣이니 久遠得度故라. 是近遠二緣이 分別컨대 復有二種하니 云何爲二오. 一者는 增長行緣이요, 二者는 受道緣이니라.

진여의 작용에 의해 훈습된다는 것은 외적인 조건에 의한 능력을 말한다. 이 외적 조건이 한없이 많으나 간략히 말하면 두 가지

다. 하나는 '차별된 조건'이고, 또 하나는 '평등한 조건'이다. 차별된 조건이란 수도하는 사람이 불보살 등을 의지해 처음 발심하고 도를 구할 때로부터 부처가 되기까지 중간에 보거나 생각하면 혹 부모나 권속·친척이 되며, 혹 급사가 되며, 혹 잘 아는 벗이 되며, 혹 원수가 되며, 혹 네 가지 포섭하는 법을 일으키며, 나아가 일체의 하는 행위에 관계된 것으로 대비로 훈습하는 능력을 발휘 중생들로 하여금 선근을 키우게 해서 이익을 얻게 한다. 이 차별된 조건이 오래 걸리지 않고 속히 제도가 되는 '가까운 조건'과 오랜 시간을 필요로 한 뒤에 제도가 되는 '먼 조건'의 두 가지가 있다. 먼 조건에도 '수행이 더욱 커지는 조건'과 '도를 수용하는 조건'의 두 가지가 있다.

【해설】

용훈습用熏習이란, 진여의 마음이 중생의 자각을 위한 외적 계기가 되어 훈습하는 것을 말한다. 중생이 깨달아 가는 데 있어서 그 근본 원인으로는 진여의 마음 그 자체이고, 그 외적 계기가 되는 것에는 불보살이 있다. 이 외적인 계기인 외부적 조건에 의해 훈습되는 것이 진여의 용훈습이라고 하였다. 그러나 비록 내적·외적인 훈습이 인과 연으로 설명되지만 이것은 영원하고 한결같은 진여의 마음 자체와 그 작용의 두 가지 면을 말하는 것일 뿐이다. 다시 말하면 어떤 차별적 실재가 있는 게 아니라는 말이다. 불보살이라는 대상도 한결같고 영원한 마음의 기능으로서 중생에게 받아들여진 것이다.

진여가 기능을 발휘하여 훈습하는 데 그 외적 계기가 차별된 것과 누구에게나 보편적인 평등한 것으로 구분된다. 차별연이란 개별적인 것으로 개개인의 내적 준비나 수용 자세에 따라 결정되기에 차별이지만, 진여의 마음 그 자체는 누구나 똑같이 가지고 있는 것이므로 이에 의해 발생하는 어떤 계기는 누구에게나 보편적으로 일어나는 성질이 있다.

차별연의 설명을 좀 더 자세히 말하면, 어떤 사람이 발심 수행하여 도를 이룰 때까지 착한 뜻을 가지고 열심히 노력하는 동안 사람과의 관계 속에서 권속 부모 혹은 친지가 되거나 심부름하는 사람이 되며, 때로는 보살이 되어 보시布施·애어愛語·이행利行·동사同事의 네 가지의 행위로 다른 사람을 위해 도움을 주는 등 온갖 일을 하는 데 좋은 계기가 다양하게 나타나게 된다.

진여의 본체는 지혜롭고 자비로운 무한한 능력을 가지고 있어 그것이 작용하여 중생에게 착한 마음을 더욱 커지도록 하며, 보거나 듣기만 하여도 이익을 얻을 수 있도록 하기 때문이다.

그런데 이 진여가 작용하여 그 결과를 나타내는 데 있어 빠르고 느림의 정도가 다르다. 빨리 나타나는 결과가 있는가 하면, 늦게 나타나는 경우도 있다. 속히 나타나는 것을 '가까운 계기'라는 뜻의 근연近緣이라 하고, 늦게 나타나는 것은 '먼 계기'라는 뜻에서 원연遠緣이라 한다.

이것을 다른 측면으로 설명하면 증장행연增長行緣과 수도연修

道緣이라는 이름으로 구분하기도 하는데, 증장행연이란 좋은 일을 할 수 있는 착한 마음씨를 증장시키는 계기이며, 수도연이란 참된 진리의 길에 들어서도록 인도하는 계기를 말한다.

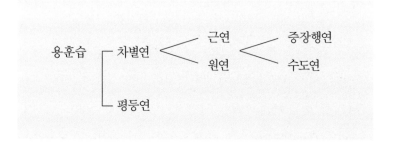

51

평등한 조건

평등연 平等緣

平等緣者는 一切諸佛菩薩이 皆願度脫一切衆生하사 自然熏習하야 恒常不捨하대 以同體智力故로 隨應見聞하야 而現作業하나니 所謂衆生이 依於三昧하야사 乃得平等見諸佛故니라.

    평등한 조건이란 모든 부처님과 보살들이 일체 중생들을 제도해 해탈시키고자 하여 중생들을 자연스레 훈습해서 항상 저버리지 않으심이다. 내 몸과 같이 생각하는 지혜의 힘으로써 보고 듣는 바에 응하여 나타나 할 일을 하시니, 이른바 중생들이 삼매를 의지해야만 평등하게 부처님을 볼 수 있기 때문이다.

【해설】

    평등연平等緣이란 보편적인 계기가 되는 것으로서 누구에게나 와 닿을 수 있는 인연을 말한다. 특수한 조건을 전제하지 않고 차별을 두지 않는다는 뜻이다. 자연스럽게 훈습을 하여 중생을 거두어 주는 불보살의 대비원력을 바탕에 두고 말한 것이다. 마치 아름다운 꽃이 향기를 풍기듯 깨달은 자의 진여의 마음에서 자타를 구별하지 않는 동체의식을 통한 지혜로 보고 듣는 대로 중생들에게 이익되는 일을 하게 된다. 이때 중생들은 그 삼매의 힘으로 언제 어디서든지 부처님을 볼 수 있게 된다.

52

자체와 작용을 합하여 설명하다

체용합명 體用合明

此體用熏習을 分別컨대 復有二種하니 云何爲二오. 一者는 未
相應이니 謂凡夫二乘과 初發意菩薩等이 以意와 意識으로 熏
習하야 依信力故로 而能修行이나 未得無分別心이 與體相應
故며 未得自在業修行이 與用相應故요. 二者는 已相應이니 謂
法身菩薩이 得無分別心하야 與諸佛智用으로 相應하나니 唯依
法力하야 自然修行하야 熏習眞如하여 滅無明故니라.

　자체와 작용의 훈습을 다시 말하면 두 가지가 있다. 하나는 '서
로 응해지지 않는 것'으로 범부나 이승들과 처음 발심한 보살들
이 의도적인 의식으로 훈습해서 믿는 힘에 의해 능히 수행하나
분별이 없는 본래의 마음 자체와 상응하지 못하고 자재한 행위로
수행함이 작용과 상응하지 못하는 경우이다. 또 하나는 이미 '서
로 응해지는 것'으로 법신보살이 분별이 없는 마음을 얻어서 부처

님 지혜의 작용과 상응하는 경우이다. 오직 법력으로 자연스럽게 수행해서 진여를 훈습하여 무명을 소멸시키기 때문이다.

【해설】

진여의 자체와 작용으로 인한 훈습이 일어날 때 아직 다 완성되지 않은 채 일으키는 불완전한 훈습이 있는가 하면, 이미 다 완성되어 일으키는 완전한 훈습이 있다. 범부나 이승들 그리고 처음 뜻을 내어 수도에 임하는 보살들은 사물을 식별하는 의식기능을 통해 훈습을 하고 또 훈습을 받아 진여의 이치를 믿고 수행을 해가지만 아직 나와 너를 분간하지 않는 '분별이 없는 원만한 마음'이 체득되지 않는다. 따라서 믿고 아는 대로 자유롭게 행동하는 진정한 자유가 구현되지 않았으며 인생의 본질적인 삶의 의미를 회복한 상태는 아직 도달하지 못했다. 이런 면에서 이는 불완전한 훈습이 된다.

반면, 진리를 체득한 법신보살들은 분별이 없는 마음을 얻어 각자의 지혜로운 능력이 자기화되어 있기 때문에 완전한 훈습을 한다고 말할 수 있다.

체용훈습 ┌ 미상응
        └ 이상응

53

깨끗하지 못한 오염된 법은 다할 때가 있으나
깨끗한 법은 다하지 않는다

명염정진부진의 明染淨盡不盡義

復次染法이 從無始已來로 熏習不斷이라가 乃至得佛하면 後
則有斷이요. 淨法熏習은 則無有斷하야 盡於未來하나니 此義云
何오. 以眞如法이 常熏習故로 妄心則滅하고 法身이 顯現하야
起用熏習일새 故無有斷이니라.

또 깨끗하지 못한 오염된 법은 시작도 없이 시작된 이래로 훈
습이 되어 끊어지지 않다가 부처가 된 후에는 끊어지게 된다. 그
러나 깨끗한 법이 훈습되는 것은 끊어짐이 없이 미래가 다할 때까
지 지속된다. 이것은 무슨 뜻이냐 하면, 참되고 한결같은 진여법
이 항상 훈습되는 까닭에 망령된 마음이 없어지고 법신이 드러나
서 '작용의 훈습'을 일으키므로 끊어짐이 없게 된다.

【해설】

　중생의 물든 생각은 무명훈습으로, 무시이래로 끊임없이 계속해 온 것이나 부처에 이르면 끊어지게 된다. 그러나 정법훈습, 곧 진여훈습은 단절됨이 없어 영원히 계속된다. 왜냐하면 진여가 항상 훈습력을 발휘하고 법신이 드러나서 작용하게 되기에 중생제도의 이타원력이 멈춰질 수 없기 때문이다.

54

진여 자체의 모습은 어떠한가

석체상이대 釋體相二大

復次眞如自體相者는 一切凡夫聲聞緣覺菩薩諸佛이 無有增減하야 非前際生이며 非後際滅이라. 畢竟常恒하야 從本已來로 自性에 滿足一切功德이니 所謂自體에 有大智慧光明義故며 遍照法界義故며 眞實識知義故며 自性淸淨心義故며 常樂我淨義故며 淸涼不變自在義故니 具足如是過於恒沙하는 不離不斷不異不思議佛法이거나 乃至滿足하야 無有所少義故로 名爲如來藏이며 亦名如來法身이니라.

진여 자체의 모습은 일체 범부나 성문, 연각, 보살 부처님들이 많거나 적음이 없다. 과거 언젠가 생겨나지도 않았으며 미래 언젠가 없어지지도 않는다. 언제까지나 항상 그대로이다. 그러면서도 본래부터 자체 성품에 일체 공덕을 가득 채워 있다. 말하자면 자체에 큰 지혜광명이 있으며, 온 세상을 두루 비추며, 진실하게 아는 뜻이 있으며, 자체 성품이 청정하며, 영원하고 즐겁고 진정한 자아이며, 청정함을 가지고 있다. 시원스레 변함없는 자유자재함도 있다. 이렇게 갠지스 강의 모래 수보다 많은 공덕의 내용들이 들어 있다. 떠나지 않고 끊어지지 않으며, 달라지지 않는 불가사의한 불법이 가득해서 조금도 모자람이 없기 때문에 여래장 또는 여래법신이라고 한다.

【해설】

진여 자체는 사람에 따라 상대적으로 차별이 있는 것이 아니다. 다시 말하면 사람의 인격이나 수행 정도에 따른 많고 적음의 차이가 존재하지 않는다. 또 언제 생성되었다는 시점도 없고, 때가 되면 없어진다는 종점도 없이 철두철미하게 한결같고 영원불멸하는 것이다. 전제에 생기지도 않고 후제에도 멸하지 않는다는 말은 과거에 창조된 것이 아니고 미래에 가서 소멸되게끔 예정된 것도 아니라는 말이다. 영원하고 항구적이며 절대적인 것이다.

이 진여에 대해 자체에 모든 공덕이 갖추어져 있다고 본문에서 설명하여 다음과 같이 나열하기를,

1. 큰 지혜요, 광명이며

2. 세상의 모든 대상 경계를 두루 빠짐없이 비춰 주며

3. 있는 그대로를 참되게 아는 힘을 간직하고 있으며

4. 자체 성품이 맑고 깨끗한 마음 그대로이며

5. 영원하고 즐겁고 주체적이고 오염된 번뇌가 없으며

6. 인과의 법칙에 따라 변동하는 것이 아니라 그 자체로 존재하는 것

이라고 하였다.

　이와 같이 갠지스 강의 모래알 수보다 더 많은 불가사의한 진리의 법이 진여의 체를 떠남이 없이 다 갖추어져 조금도 결함이 없는 까닭에 여래장如來藏이라 하기도 하고, 또 여래법신如來法身이라고도 하였다. 여래장이란 여래가 갈무리되어 있다는 것으로 달리 말하면 여래의 씨앗이라는 뜻이며, 그것이 바로 여래의 법 그대로이므로 이를 의인화하여 여래법신 곧 진리의 몸이라고 하였다.

55

진여는 차별되지 않으며
모든 상대적인 것을 떠났다

문답중변 차별이불이 問答重辨 差別而不二

問曰 上說호대 眞如는 其體平等하야 離一切相이어늘 云何復 說호대 體有如是種種功德고. 答曰 雖實有此諸功德義나 而 無差別之相하야 等同一味라 唯一眞如니 此義云何오. 以無分 別하며 離分別相일새. 是故로 無二니라.

의문을 제기한다. 위에서 말하기를 진여는 그 본체가 평등해서 일체 형상을 떠났다고 하였다. 그런데 어째서 다시 수많은 공덕이 있다고 하는가? 답하노라. 비록 실로 수많은 공덕의 뜻이 있으나 차별의 모습이 있는 것은 아니어서 똑같은 하나로 오직 하나의 진여뿐이다. 무슨 뜻이냐 하면 분별이 없기에 분별로 나눠지는 모습을 벗어나 버린 것이다. 이렇기 때문에 상대적으로 말할 수 있는 둘이 아니라고 한다.

【해설】

진여가 가지고 있는 많은 공덕은 차별적인 형상을 지니고 있지 않다. 앞서 진여가 가지고 있는 공덕을 설명한 말들은 다만 한결같은 진여를 표현한 한 가지의 의미밖에 없는 것이다. 다시 말해 그와 같이 서술한 진여의 상相은 이미 대립적 차별을 떠나 모든 것에 평등하기 때문에 이것과 저것의 상대적 입장이나 자타의 분리된 모습은 있지 않다. 결국 둘이 없는 절대적인 것이다. 그럼에도 불구하고 진여의 모습을 차별적으로 설명한 것은 업식이 생멸하는 모습에 의거하여 한 것이다.

모든 사물은 본래 마음에 의하여 의식되는 것이다. 그리고 우리의 본래 마음에는 그것들을 보고 망령된 생각을 일으킬 이유가 없지만 어리석게도 홀연히 망령된 생각을 일으켜 나에게 대치된 대상세계를 보게 된다. 이러한 상태가 무명이다. 그런데 그와 같은 어리석음, 무명이 진여 자체에는 없는 까닭에 진여의 본체는 큰 지혜요 광명이라는 등등의 설명을 서술하고 있다.

56

둘이 아니면서도 차별이 있는 것은
생멸의 모습에서다

수무이이차별 雖無二而差別

復以何義로 得說差別고. 以依業識 生滅相하야 示니라. 此云
何示오. 以一切法이 本來唯心이라 實無於念이나 而有妄心하
야 不覺起念하야 見諸境界할새 故說無明이어니와 心性이 不起하
면 卽是大智慧光明義故니라. 若心起見하면 則有不見之相이어
니와 心性이 離見하면 卽是遍照法界義故니라. 若心有動하면 非
眞識知며 無有自性하며 非常非樂非我非淨하며 熱惱衰變하
여 則不自在하며 乃至具有過恒沙等妄染之義하니 對此義故
로 心性이 無動하면 則有過恒沙等諸淨功德相義가 示現하나니
라. 若心有起하야 更見前法可念者는 則有所少어니와 如是淨法
의 無量功德은 卽是一心이라 更無所念일새 是故로 滿足이니 名
爲法身如來之藏이니라.

　무슨 뜻에서 차별을 말하느냐 하면, 업식으로 일어나는 생멸의

모습에서 차별이 보여지게 된다. 어떻게 보여지느냐 하면, 일체 법이 본래 오직 마음뿐이라 망념이 없었는데 망념이 생길 소지가 있어서 깨닫지 못한 상태에서 망념이 일어나 온갖 경계를 보게 된다. 이를 무명이라 말한다. 망념이 일어나지 않는 마음의 성품은 큰 지혜광명을 가지고 있다. 만약 마음이 보는 견見을 일으키면 곧 보지 못하는 상태가 되지만 마음의 성품이 봄[見(견)]을 떠나면 법계를 두루 비추는 자체의 공능을 발휘한다. 마음에 움직임이 있거나 진실 그대로를 알지 못하여 움직이는 마음 그 자체의 본성은 원래 존재하지 않는다. 망념이 일어난 마음은 영원하거나 즐거운 것이 아니며 진정한 자아도 없고 본래의 깨끗함도 아니다. 뜨거운 번뇌에 휩싸여 쇠하여 변하는 것이며 자재할 수도 없다. 게다가 갠지스 강 모래 수보다 더 많은 망념들이 오염되는 것들을 갖추고 있으니, 이 뜻에 상대하여 마음의 성품이 움직임을 일으키지 않는다면 갠지스 강의 모래 수보다 많은 온갖 공덕의 모습이 나타나게 된다. 만약 마음에 망념이 일어나서 다시 눈앞의 법을 생각한다고 보면 곧 본래의 공덕이 결핍되지만, 이러한 깨끗한 법이 가진 한량없는 공덕은 바로 한마음이라 더 이상 생각할 바가 없게 된다. 그러므로 가득 채워졌다고 하여 법신 여래가 저장되었다고 말한다.

【해설】

마음에 망령된 생각이 일어나면 사물의 진상을 보지 못하게 된다. 진여의 마음이 편협한 식견으로 인해 옹졸해져 버리기 때문이다. 그러나 진여 자체는 태양이 온 세상을 다 비추듯이 훤히 모든 것을 다 아는 능력이 있다. 또 만약 마음에 동요가 일어나면 있는 그대로 참되고 온전하게 알 수 없고 청정무구한 본성의 공덕이 드러나지 못한다. 한 생각의 망념이 일어나는 순간에 본래의 공덕이 유실된다. 그러나 일심 그대로의 공덕은 무량하고 원만히 갖추어져 있으므로, 이것을 진리 그 자체대로의 완전성이 갖추어진 여래가 저장된 창고[如來藏(여래장)]라고 부른다.

57

부처님의 중생교화가
진여의 작용이다

별해용대 別解用大

復次眞如用者는 所謂諸佛如來 本在因地하사 發大慈悲하사 修諸波羅密하사 攝化衆生하려하사 立大誓願하사 盡欲度脫等 衆生界하사대 亦不限劫數하시고 盡於未來하시며 以取一切衆 生을 如己身故로 而亦不取衆生相하시나이다. 此以何義오. 謂 如實知 一切衆生과 及與己身이 眞如平等하야 無別異故니 라. 以有如是大方便智하야 除減無明하고 見本法身에 自然而 有不思議業種種之用이 卽與眞如로 等하야 遍一切處하되 又 亦無有用相可得이니라. 何以故오. 謂諸佛如來는 唯是法身智 相之身이라. 第一義諦에는 無有世諦境界하야 離於施作이언마는 但隨衆生 見聞得益일새 故說爲用이니라.

진여의 작용이란, 이른바 모든 부처님여래께서 본래 인지因地 (부처되기 전 수행의 과정에 있는 기간)에 계실 적에 큰 자비를 펴서 온갖 바라밀을 닦아 중생들을 거두어 교화하려고 큰 서원을 세워 온 중생세계를 모두 제도해 해탈시키고자 하시되, 겁의 수를 한정하지 않고 미래의 시간들이 다하도록 일체 중생을 보살피기를 자기의 몸으로 여겨 조금도 차별을 두지 않는 까닭에 중생이라는 상대적인 관념을 가지지 않으신다. 무슨 뜻이냐 하면, 말하자면 사실대로 일체 중생과 자기 몸이 진여 그대로 평등해서 다름이 없다는 것을 알기 때문이다. 무명을 제거해 없애고 본래의 법신에 자연스럽게 불가사의한 업의 온갖 작용이 진여로 더불어 평등해서 모든 곳에 두루 미치되 또한 작용하는 상황을 포착할 수 없다. 왜냐하면 부처님여래께서는 오직 법의 몸, 지혜의 몸이시므로, 궁극적인 최고의 진리에는 세속적 이치로 일어나는 경계가 없기에 현상적인 행위의 입장에서 베풀거나 짓고 할 것이 없다. 다만 중생들은 보는 대로 듣는 대로 이익을 얻게 된다. 때문에 작용用이라고 한다.

【해설】

다시 진여의 용用에 대하여 설명한다. 해석분에서 제시된 『기신론』의 중심 주제에 관한 설명 중 삼대三大의 설명이 있었다. 이는 사물을 설명하는 방식을 체體·상相·용用의 세 가지 면으로 하는 『기신론』만의 독창적 방법이다. 체体란 본체라는 뜻으로 보이지 않는 근원인 제일원인第一原因을 말하고 상相과 용用은 보이는 결과, 현상작용現象作用을 말하는 것이다.

진여의 용을 제불여래의 수행과 관련지어 설명하는데, 제불여래란 곧 진여를 인격적으로 의인화하여 표현한 말이다. 본연의 각의 경지를 실현한 사람들은 본래 그들이 그렇게 되기 위해서 수행하던 시절에 크게 자비심을 일으켜 남을 위해 덕을 베푸는 일들을 실천한다. 모든 중생들을 다 받아들여 그들을 이롭게 하고 참되게 한다. 이러한 활동의 노력이 진여의 작용이며, 이를 통해 무명에서 벗어난다. 중생의 입장에서 보면 무명에서 벗어나기 위한 선행적先行的 노력이라 할 수 있다. 동시에 제불보살의 경우는 본래 수행과정에서 자연적으로 실천하는 행이므로 본행本行이라고도 한다.

58

응신과 보신

정현용상 正顯用相

此用이 有二種하니 云何爲二오. 一者는 依分別事識이니 凡夫
二乘의 心所見者를 名爲應身이니라. 以不知轉識現故로 見從
外來하야 取色分齊하나니 不能盡知故요, 二者는 依於業識이니
謂諸菩薩이 從初發意하야 乃至菩薩究竟地히 心所見者를 名
爲報身이니라. 身有無量色하고 色有無量相하고 相有無量好하
며 所住依果도 亦有無量 種種莊嚴하야 隨所示現하야 卽無有
邊하며 不可窮盡하야 離分齊相하며 隨其所應하야 常能住持하
야 不毁不失이니 如是功德이 皆因諸波羅密等無漏行熏과 及
不思議熏之所成就라. 具足無量樂相일새 故說爲報이니라.

이 진여의 작용이 보이는 것에 두 가지가 있다. 하나는 분별
사식에 의해 범부나 이승들이 마음으로 보는 것을 응신이라 한
다. 이는 전식이 나타내는 것인 줄 알지 못하고 밖에서 오는 것이

라 여겨서 물질적 형태가 있다고 생각한다. 이것은 진실되게 완전히 알지 못했기 때문이다. 둘째는 업식에 의하여 보는 것으로, 보살들이 처음 발심한 때부터 보살의 수행을 마칠 때까지 마음으로 보는 것을 보신이라 한다. 몸에는 한없는 물질적 형태의 모양이 있고, 그 모양에 한없는 작은 형상이 있으며, 작은 형상에 다시 한없는 미세한 작은 좋은 모습들이 있다. 보신이 머무는 환경에도 한없는 가지가지 장엄이 있어 곳에 따라 나타나 한정된 경계가 없으며 무궁하다. 한정된 범위가 없어 그 응하는 대로 항상 능히 머물러 훼손되거나 상실됨이 없다. 이러한 공덕은 모두 바라밀 등 번뇌 없는 수행으로 훈습하고 불가사의한 훈습으로 성취된 것이다. 이처럼 한없는 즐거운 모양을 갖추었으므로 보상되는 것이라 한다.

【해설】

진여의 작용이 사람의 마음에 따라 다르게 나타나는 구체적인 모습들을 설명하고 있다. 진여 그 자체는 불가사의하고 신비로운 것이며 또한 무한한 능력을 지니고 있다. 이 진여가 바로 마음 안에서 그 능력이 발휘되는 것이나 마음 안에서 일어나는 식識의 경계가 차별이 있다. 분별사식分別事識이란 안眼·이耳·비鼻·설舌·신身·의意의 육식六識의 경계이다. 매우 거친 생각들로 많은 허물과 죄과罪過를 유발하여 그 결과로 괴로움을 받게 되는 원인이 된다.

이 분별사식에 의해서 범부나 이승二乘들이 보는 진여의 용을 응신應身이라 한다. 마음의 변화에 의해 나타나는 응신이 자기 자신의 마음속의 전식轉識이 움직여 나타난 것임을 모르고 마치 밖으로부터 온 것처럼 생각하여 그 나타난 대상에 물질적 요소가 있다고 여긴다. 이 응신은 중생의 종류에 따라 여러 가지 상이한 형태로 나타나며 범부의 거친 마음에 대응하여 나타난다.

처음 뜻을 낸 보살의 지위로부터 수도의 과정을 거의 완성한 보살들의 지위에 이르기까지 거친 마음이 사라진 미세한 상태의 업식으로 보는 진여의 용을 보신報身이라 한다. 이 보신은 인간이 생각할 수 있고 나타낼 수 있는 온갖 아름다운 형태와 육체적 기능 및 특징들을 다 갖추고 있다. 동시에 이 불신이 거처하는 국토에도 온갖 종류의 장엄이 있다. 어디에나 나타나는 보신은 공간적으로 제한받지 않고 출현하며, 항상 위대한 지혜의 힘을 간직하고 있다. 바라밀다의 완덕完德을 갖춘 결과로서 나타나는 이 보신은 진여가 훈습하는 신비로운 힘에 의하여 성취되는 것이다.

59

육도에 따라
다르게 수용하는 응신

중변보응이신 重辨報應二身

又爲凡夫所見者는 是其麤色이니 隨於六道의 各見不同하야
種種異類 非受樂相일새 故說爲應身이니라. 復次初發意菩薩
等의 所見者는 以深信眞如法故로 少分而見하나니 知彼色相
莊嚴等事 無來無去하야 離於分齊라. 唯依心現하야 不離眞
如니라. 然此菩薩이 猶自分別이니 以未入法身位故니라. 若得
淨心하면 所見이 微妙하야 其用이 轉勝이요. 乃至菩薩地盡하면
見之究竟이요. 若離業識하면 則無見相이니 以諸佛法身은 無
有彼此色相으로 迭相見故니라.

　범부들이 보는 것은 거칠게 나타나는 물질적 형태이다. 육도에
따라 보는 것이 각각 같지 아니해서 온갖 다른 종류의 중생들이
즐거움을 누리는 상태가 아니므로 응신이라 말한다.
　또 처음 발심한 보살들은 깊이 진여의 법을 믿기에 조금이나마

볼 수 있다. 그것은 저 색상으로 장엄된 일 따위가 나타나거나 사라지지 않고 정해진 범위도 없을 뿐만 아니라 오직 마음에 의해 나타나서 진여를 떠나지 않는 것인 줄을 알기 때문이다. 그러나 이 보살들은 아직도 분별이 남아 법신의 자리에 들어가지 못한다. 만약 본래의 깨끗한 마음을 얻으면 보는 바가 미묘해서 그 작용이 점점 더 나아지고, 보살의 마지막 수행단계에 이르면 볼 수 있는 데까지 다 보게 된다. 그러다가 업식을 떠나면 보는 것이 없어진다. 부처님들의 법신은 나와 남을 구별한 물질적 형태로 번갈아 보지 않기 때문이다.

【해설】

분별사식에 의하여 범부들이 보는 모습은 거친 것이다. 그것은 중생들의 여러 가지 생활양식에 따라 똑같은 형태로 나타나는 것이 아니라 각기 다른 모습으로 나타나는 것이다. 그리고 갖가지 다른 부류의 중생들은 한결같이 안락한 생활을 누리지 못한다. 때문에 범부의 거친 마음에 대응하여 거칠게 나타나는 것이 응신이다. 분제를 여의었다는 말은 조건에 의하여 결정된 모습이 한정이 없다는 것을 뜻한다. 보살들의 경우, 마음에 조잡하고 거친 생각이 사라져 다만 미세한 업식으로 진여를 보게 된다. 이때 진여의 법이 마음 자체임을 조금씩 알아가기 때문에 객관적 외형의 모습은 한정적으로 범위가 제한되지 않고 인간의 사유에 의해 무한히 다양하게 나타나게 된다. 이때 나타나는 진여의 모습을 보신이라 한다. 이와 같이 마음의 상태에 따라 진여의 모습이 다르게 나타난다는 것은 진여의 참된 이치를 외갈래의 방식이 아닌 여러 가지 측면에서 설명할 수 있기 때문이다. 삼매 속에서 진여를 보게 되면 유한성이 없는 무한한 온갖 종류로 장엄된 모습이 나타난다. 나아가 업식을 여의면 보이는 모습이 없다는 것은 업식을 여의면 능견과 소견이 사라지기에 나타나는 색상도 없으며 바로 진여 자체에 계합되기 때문이다.

60

법신이 어떻게 색상을 나타내는가

문답제의 (석법신능현) 問答除疑 (釋法身能現)

問曰 若諸佛法身이 離於色相者인댄 云何能現色相고. 答曰 卽此法身이 是色體故로 能現於色하나니 所謂從本已來로 色心不二라. 以色性이 卽智故로 色體無形하니 說名智身이요, 以智性이 卽色故로 說名法身이 遍一切處라 하나니라.

만약에 부처님들의 법신이 눈에 보이는 물질적 형태를 떠났다면 어떻게 능히 눈으로 볼 수 있는 물질적 형태를 나타내는가?

그것은 법신이 보이는 형태를 내는 근본 바탕이므로 능히 볼 수 있는 형태를 나타낸다. 이른바 본래부터 물질적 요소와 정신적 요소는 둘이 아니다. 물질적 요소의 본성이 지혜라 할 수 있다. 그러므로 물질적 요소의 바탕에는 형체가 없다. 이를 지혜의 몸이라 하는데 지혜의 성품 속에는 물질적 형태가 될 수 있는 요소를 지니고 있기 때문이다. 그런 까닭에 법신이 없는 데가 없이 모든 곳에 존재한다고 하느니라.

【해설】

　제불의 법신은 색상을 떠나 존재한다고 하였다. 색상이란 눈으로 볼 수 있는 물질적 형태이다. 다시 말하면 눈이 볼 수 있는 감각의 대상이다. 그렇다면 색상을 떠나 있는 법신이 어떻게 색상을 나타낼 수 있는가라는 의문이 제기될 수 있다. 이에 대한 설명이 법신이 곧 모든 색의 체體이며 근원이라는 것이다. 모든 물질적 형태는 진리의 몸(법신)에서 나온다. 그러므로 색色과 심心은 둘이 아니라 하나이다. 다시 말하면 물질이니 형태니 하는 색은 생멸심, 즉 업식이 전轉·현現하면서 생긴 것이기 때문에 색이 곧 심이요, 심이 곧 색이다. 또한 생멸심이란 근본에서 볼 때 진여의 작용이므로 이를 지혜라고 말할 수 있다. 그렇다면 색의 본성은 곧 지智를 떠나 있을 수 없다. 그러므로 색의 체는 형체가 없는 지혜의 몸이라 할 수 있는 것이다. 동시에 지智의 본성은 색을 떠나 있을 수 없는 것이다. 이렇기 때문에 법신이 어디에든지 없는 데 없이 두루 차 있다는 것이다.

61

진여의 작용은 위대하다

진여대용 (석소현지색) 眞如大用 (釋所現之色)

所現之色도 無有分齊라. 隨心能示十方世界의 無量菩薩과 無量報身과 無量莊嚴하대 各各差別하야 皆無分齊로대 而不相妨이어니와 此非心識의 分別로 能知니 以眞如自在用義故니라.

　나타나는 물질적 형태도 한정된 범위가 없다. 마음에 따라 능히 시방세계의 한없는 보살과 한없는 보신과 한없는 장엄을 보이되 각각 다르게 차별되어 모두 일정한 범위가 없지만 서로 아무런 방해가 되지 않는다. 이러한 이치는 마음이 망념으로 인식하는 분별로 알 수 있는 것이 아니다. 왜냐하면 진여의 자유자재한 작용의 위대한 뜻이기 때문이다.

【해설】

　나타난 색이 분제가 없다는 것은 물질적 형태가 어떤 한정된 범위를 가지지 않는다는 말이다. 색이 일정한 조건에 의한 제약이 없기 때문에 마음의 상태에 따라서 무한한 시현의 가능성을 보인다는 말이다. 곧 시방세계에 한량없는 보살, 한량없는 보신, 한량없는 장엄을 시현하되 각각 다르게 차별되고 하나로 획일되지 않으며, 그렇다고 서로 간에 방해가 일어나는 것도 아닌 것이다. 이와 같은 이치는 범부의 망상분별로 알 수 있는 것이 아니라, 다만 진여의 자재한 작용일 뿐이다.

62

생멸문에서 진여문에
들어가는 법

회상입실 會相入實

復次顯示從生滅門하야 卽入眞如門하리니 所謂推求五陰의 色
之與心이라. 六塵境界는 畢竟無念이요, 以心無形相하야 十方
求之라도 從不可得이니라. 如人이 迷故로 謂東爲西나 方實不轉
인달하니 衆生도 亦爾하야 無明이 迷故로 謂心爲念이나 心實不動
이니 若能觀察하야 知心無念이면 卽得隨順하야 入眞如門故니라.

생멸문으로부터 진여문에 들어가는 법에 대하여 말한다. 이른
바 오음의 물질적인 면과 정신적인 면을 추구해 보면 육진경계는
망념이라고는 없는 더할 나위 없는 상태이다. 마음도 마음이라는
형상이 없어 시방에 마음이 있는 곳을 찾아보아도 찾을 수 없다.
마치 사람이 방향을 착각하여 동쪽을 서쪽이라 하나 방향은
바뀌는 것이 아니다. 중생도 또한 그와 같아서 무명이 미혹하여
망념이 일어난 것을 마음이라 하나 마음은 실로 움직이지 않는

것이다. 만약 이를 능히 관찰해서 마음에 망념이 없는 줄을 알면 곧 따라 순응하여 진여의 문에 들어가게 된다.

【해설】

이제부터 생멸문에서 진여문으로 들어가는 방법을 언급하면서 오음과 육진에 대한 이야기를 한다.

오음이란 오온의 구역舊譯으로 인간을 구성하는 다섯 가지 요소를 말한다. 인간을 설명하기 위해서 오음설을 내세운 것은 획기적인 의미를 가지는 것이다.

1. 색色: 물질적인 요소로 형체와 색채를 가지는 것이다. 범어 rūpa를 번역한 것으로 파괴되게끔 되어 있다는 뜻이 있다. 인간의 육신을 지칭하는 말이다.

2. 수受: 감수기능感受機能이다. vedanā가 어원이며 아는 작용 또는 기능이라는 뜻이다. 육근에 의해서 일어난다.

3. 상想: 상상想像 기능이다. saṃjñā가 어원이다. 무엇을 가지고 안다는 뜻으로 인간의 의식에 일어나는 표상작용이라 할 수 있다.

4. 행行: 행동하는 움직임을 뜻한다. 어원 saṃskāra는 무엇을 가지고 한다는 뜻을 가진 말이다. 모든 인간의 행동이 행에 의하여 일어나며, 또 그 행동의 방향을 바꿀 수 있는 결단을 하는 것도 행이다.

5. 식識: 의식기능의 중추인 것이 식이다. 어원 vijñāna는 차별하여, 혹은 쪼개서 안다는 뜻이다. 이 식을 여러 가지로 분류하여 설명하는

데 본능적인 천박한 지각적 단계에서 절대적 자유와 온갖 덕의 원천인 진여에 이르기까지 깊고 얕음의 차이를 나타낸다.

오음은 결국 인간과 인간 주변을 설명하는 핵심 내용이라 할 수 있다. 또 육진六塵경계, 곧 모든 객관의 대상세계는 그 자체로서는 무의식적인 존재이며 마음에 의하여 의식되는 존재에 불과하다. 그리고 마음이란 것도 무슨 형상이 있는 것이 아니어서 시방으로 찾아도 어디에서도 찾을 수 없다. 마치 사람이 방향을 잃어버리고 동쪽을 서쪽이라 하지만 동쪽은 결코 서쪽이 될 수 없듯이 중생이 미혹하여 헤매는 까닭에 진여의 마음을 생멸하는 망념이라 하는 것이다. 실제로 진여의 마음은 움직이는 것이 아니다. 이것을 바로 알 때 진여의 마음에 일치해 들어가게 되는 것이다.

63

그릇된 집착인 아견의 두 가지

대치사집과 개장 對治邪執과 開章

對治邪執者는 一切邪執이 皆依我見이니 若離於我하면 則無邪執이니라. 是我見이 有二種하니 云何爲二오. 一者는 人我見이요, 二者는 法我見이니라.

그릇된 집착을 다스린다는 것은 일체의 그릇된 집착이 모두 아견에 의한 것으로, 만약 아견을 떠나면 그릇된 집착은 일어나지 않는다.

이 아견에는 두 가지가 있다. 하나는 인아견이며, 또 하나는 법아견이다.

【해설】

사집邪執이란 그릇된 고집을 말한다. 마음의 진여를 회복하고자 하는 수행에 있어서 금기해야 될 사항은 그릇된 고집을 일으키는 것이다. 그런데 이 고집은 모두가 '나'라는 생각에서 생긴다. 이를 아견我見이라 하는데, 이 아견을 다시 인아견人我見과 법아 견法我見으로 나눈다. 인아견이란 한 인간으로서 자기의 존재를 믿는 고집을 말하며, 법아견은 하나의 사물 그 자체의 존재를 믿는 고집을 말한다.

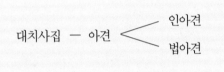

64

범부의 인아견은 다섯 가지가 있다

오인아견五人我見

人我見者는 依諸凡夫하야 說有五種하니. 云何爲五오. 一者는 聞脩多羅說하되 如來法身이 畢竟寂寞하야 猶如虛空하고 以 不知爲破著故로 卽爲虛空이 是如來性이라 하니 云何對治오. 明虛空相은 是其妄法이라 體無不實이언마는 以對色故로 有是 可見相하야 令心生滅이어니와 以一切色法이 本來是心이라 實 無外色이니 若無外色者인댄 則無虛空之相이니라. 所謂一切境 界 唯心妄起故로 有니 若心이 離於妄動하면 則一切境界滅이 요. 唯一眞心이 無所不遍하나니라. 此謂如來廣大性智究竟之 義니 非如虛空相故니라.

인아견은 범부들의 경우 다섯 가지가 있다. 첫째는 경에 설한 여래법신이 더없이 적막하여 허공과 같다고 한 것을 듣고 집착을 부수기 위한 것인 줄 모르고 허공이 여래의 성품이라 하는 경우다. 어떻게 다스려야 하는가? 허공의 모습은 망령된 법으로 자체가 없는 실답지 못한 것이다. 그러나 물질적 형태에 상대적으로 보여지는 형상이 있는 것처럼 여겨 마음의 생각을 일으키고 없어지게 하지만, 일체 물질적 존재는 본래 마음으로 실제로 외부의 물질적 형태는 없는 것이다. 그러니 만약 외부의 물질적 형태가 없다면 허공의 모습도 없다는 것을 밝혀서 다스린다. 이른바 일체의 경계는 오직 마음이 망령되이 일어나므로 있는 것이니, 만약 마음이 망령된 움직임을 떠나면 곧 일체 경계는 소멸되는 것이다. 오직 하나의 참마음이 어디에도 미치지 않는 곳이 없으니 이를 두고 여래의 광대한 성품이 더할 나위 없는 지혜라 하는데 이것은 허공의 모습과는 같지 않다.

【해설】

나라는 인간 존재는 기실 오온五蘊의 화합물에 불과하여 색·수·상·행·식의 어느 것도 영구불변하게 존재하지 않는다. 스스로 존재하지 못한다는 것은 바꾸어 말하면 다른 것과의 관계하에 성립되어 있다는 말이다. 이러한 뜻에서 불교에서는 일찍이 무아설無我說을 내세웠다. 그러나 우리는 '나'라는 관념 속에서 모든 것을 이리저리 사량思量하고 있다.

초심자들이 불법佛法을 배우면서 빠지기 쉬운 함정은 불법의 참뜻을 잘못 알아듣는 것이다. 가령 여러 경전 속에 여래의 법신은 더할 나위 없이 적막한 것이 허공과 같다고 한 말을 듣고는 그 말이 집착을 깨뜨리기 위한 것인 줄 모르고 허공이 바로 여래의 본성이라고 하는 사람들이 있다. 여기서 허공이라는 것은 인간의 주관적인 분별지가 식별해 낸 한 모드^{mode}에 불과한 것이며, 그 자체로서 어떤 실재성을 가진 것이 아니다. 만약 허공이 어떠한 것인가를 보았다고 한다면 이미 그 형태를 본 장면이 전제된다. 이럴 경우 우리가 다른 사물[色(색)]을 보는 것과 마찬가지로 사물 가운데 하나로서 허공을 본 것이 된다. 따라서 허공은 분별사식이나 혹은 분별지와의 관련하에서 존재하는 것일 뿐 독자적으로 스스로 존재하는 것이 못 된다. 모든 물질과 형태는 단순히 인간의 주관적인 생각, 곧 망심이 식별한 것이며 '나'와 관련이 없는 아무런 독립적인 존재도 없는 것이다. 그러므로 그러한 물질 또는 형태의 하나로 인식된 허공이 독립적인 존재가 될 수 없는 것이다. 다시 말해서 모든 사물의 상대적 존재양식, 곧 우리 주위의 현상적인 세계 전체는 혼돈된 인간의 주관적인 생각이 빚어낸 대상 이외의 아무것도 아니라는 것이다. 만약 이 혼돈한 주관적인 생각을 버리게 된다면 그때 그 모든 상대적인 존재양식은 사라지게 된다. 그리고 그렇게 되면 오직 참되고 한결같은 마음만이 온 우주에 가득하게 된다. 그러므로 허공이라는 말은 영원하고 진실한 것을 상징하는 비유로 설정하는 것은 가능하나, 여래의 광대하고 완전히 지혜로운 진여의 마음이 허공과 똑같은 것이라고 여기는 것은 잘못된 인식이다.

65

법이 공하다고 집착하는 경우

집법위공 執法爲空

二者는 聞脩多羅에 說하되 世間諸法이 畢竟體空하며 乃至涅
槃眞如之法도 亦畢竟空이라 從本已來自空하야 離一切相이라
하고 以不知爲破著故로 卽謂眞如涅槃之性이 唯是其空이라 하
나니 云何對治오. 明眞如法身은 自體不空하며 具足無量性功
德故니라.

둘째는 경에 설한 "세간의 모든 법이 마침내 공하며, 나아가 열
반이나 진여의 법도 더할 나위 없이 공한 것으로 본래 저절로 공
하여 일체 형상을 떠나 있다"는 말을 듣고, 이것이 집착을 없애
주기 위한 방편인 줄 모르는 까닭에 진여·열반의 성품이 오직 공
하다고만 한다. 이럴 때는 어떻게 다스려야 하는가? 진여법신은
자체가 공하지 않기에 새지 않는 성품 자체의 공덕을 갖추고 있
다는 것을 밝혀 준다.

　　반야경 계통의 불경에 흔히 "이 세상 모든 것들은 결국 그 본성이 공한 것이다. 열반이니 진여니 하는 것도 본래 공한 것이어서 모든 상을 떠나 있다"라는 설명을 듣고 공한 쪽으로만 생각하여 일체가 다 허무하다고 주장을 하는 경우가 있다. 진여법신에 일체 부자유스럽고 허위적인 요소가 없다는 의미에서 한 말의 참뜻을 모르고 공에만 치우친 소견을 가지는 것이다. 진여는 공한 반면에 공하지 않은 불공의 뜻도 가지고 있는 것을 모르기 때문이다. 진실하고 자유롭고 지극히 선한 온갖 공덕이 다 갖추어져 있다는 사실을 알아야 한다. 무루성 공덕이란 마모됨이 없이 언제나 한결같은 공덕이다.

66

여래장에 물질적 요소와 정신적 요소가 들어 있다 집착하는 경우

집성위색 執性爲色

三者는 聞脩多羅에 說하되 如來之藏이 無有增減하야 體備一切功德之法하고 以不解故로 卽謂如來之藏에 有色心法의 自相이 差別이라 하나니 云何對治오. 以唯依眞如義하야 說故며 因生滅染義하야 示現 說差別故니라.

　셋째는 경에 설한 "여래장은 증감이 없어 자체에 일체 공덕의 법을 갖추고 있다"고 한 말을 듣고 그 뜻을 바르게 알지 못해, 여래장에 색법(물질적 요소)과 심법(정신적 요소)의 자체 모습이 다르게 있다고 인식한다. 어떻게 대치하는가? 오직 진여의 뜻에 의해 설해진 것을 생멸의 오염된 뜻으로 이해하여 차별된다고 오해를 하였다.

【해설】

여래장 안에 육체와 정신의 개별적인 근본적 요소들이 있다고 생각하는 그릇된 소견에 대하여 말하고 있다. 불경에 설해진 말에 "여래장 곧 중생의 마음에는 증감이 없지만 그 자체에 온갖 덕성이 다 갖추어져 있다"고 한 것을 듣고 여래장 속에 물질적(육체적)인 요소와 정신적 요소가 각각 차별되게 있다고 주장한다는 것이다.

이러한 잘못된 견해는 경전 속의 말씀이 진여의 면에 입각해서 설해진 것인데 그것을 생멸의 면으로 이해하여 생겨난 오해이다. 다시 말하면 업식業識에 의해서 생멸의 양상이 나타나게 되고, 그렇게 해서 나타나는 모습을 차별이라고 말하지만, 여래장 자체에 차별이 있는 것은 아니다.

고대 인도의 철학 가운데 삼키야Sāmkhya[數論(수론)] 학파는 우주의 근본적 원리를 물질적인 것과 정신적인 것의 두 가지 대립으로 보는 사상을 가지고 있었다. 이 학파의 주장에 의하면 현상세계 전개의 원리는 두 가지인데, 하나는 정신적 원리인 푸루샤purusa, ātman와 또 하나는 물질적 원리인 프라크리티prakrti, pradhana라고 한다. 푸루샤는 지知jñā 또는 사思cetanā를 그 본질로 하며, 그 자체로서는 아무런 활동을 하지 않고 다만 프라크리티를 관조觀照할 뿐이라 한다. 원자의 크기를 가지고 있으면서 본질적으로는 하나이지만 무한히 다양하게 나타날 수 있다. 그리고 이 푸루샤는 생사·윤회·해탈 등의 영향을 받지 않는다. 이것은 우파니샤드 철학

이래 개아個我의 실체로 간주된 아트만과 동일시되기도 한다.

물질적 원리인 프라크리티는 활동하는 것을 그 본성으로 한다. 그것은 질료인質料因인데, 순수성sattva과 격동성rajas, 그리고 무겁고 조잡하고 어두운 요소tamas 등 세 가지 구성요소를 가지고 있어 푸루샤의 관조를 기회인機會因으로 그 세 가지 요소 중 격동성이 발동하면 전변轉變pariṇāma이 시작된다고 한다.

물질적 원리인 프라크리티는 정신적 원리인 푸루샤와 결합되어 있다. 그 결합은 현실적이며, 영원하여 시작이 없는 것이며, 해탈을 통해서 비로소 끝나게 된다. 그 결합 양식은 일종의 병렬식並列式 결합으로 하나의 내적 일치를 이루지는 않는다.

이와 같은 삼키아 학파의 이원론적인 마음과 육신을 병렬적 결합으로 보는 입장은 마음이 근본적으로 초월적인 지혜라는 사실, 곧 진여 그 자체라는 사실을 망각하여, 업식이 발동하는 망념의 단계로 끌어내려 그것을 실체인 양 간주하는 실재론적 오류를 범하고 있는 것이다.

삼키아 학파의 이러한 논리 전개가 『기신론』과 흡사한 점을 가지고 있음에도 불구하고 근본적으로 숙명론·결정론적인 성격을 띠게 된 것은 바로 근본 출발점에서 오류가 있었기 때문이다.

67

여래장 자체에 생사 등 법이 있다고 집착하는 경우

집성유염 執性有染

四者는 聞修多羅에 說하되 一切世間生死染法이 皆依如來藏하야 而有라 一切諸法이 不離眞如라 하고 以不解故로 謂如來藏이 自體에 具有一切世間 生死等法이라 하나니 云何對治오. 以如來藏이 從本已來로 唯有過恆沙等諸淨功德이 不離不斷하야 不異眞如義故며 以過恆沙等煩惱染法이 唯是妄有라 性自本無하야 從無始世來로 未曾與如來藏相應故니라. 若如來藏이 體有妄法인댄 而使證會하야 永息妄者 則無是處故니라.

넷째는 경에 설한 "일체 세간 생사의 오염된 법이 모두 여래장을 의지해 있는 것이다. 따라서 일체 모든 법이 진여를 떠나지 않는다"라는 말을 듣고 바로 알지 못하여 여래장이 자체에 일체 세간 생사 등 법을 갖추고 있다고 한다. 어떻게 대치하는가? 여래장이 본래부터 갠지스 강 모래알보다 많은 청정한 공덕이 있어서 여래장 자체를 떠나거나 끊어지지 않아 진여 그대로 있다. 갠지스 강 모래알보다 많은 번뇌로 오염된 법은 오직 망령되이 있는 것이다. 번뇌의 성품은 본래 없는 것이어서 일찍이 여래장과는 관계없는 것이다. 만약 여래장이 자체에 망령된 법을 가지고 있는 것이라면 여래장을 증득해 알아 영원히 망妄을 쉬게 한다는 견해는 옳지 못하다.

【해설】

원래 깨친 경계에서는 분별이 존재하지 않는데 여래장 자체에 세속적인 번뇌와 고통 등이 있다는 견해를 가지는 경우다. 이 잘못된 견해를 시정하기 위해서는 다음의 사실을 알아야 한다.

여래장은 본래부터 갠지스 강의 모래알보다 더 많은 무수한 공덕을 가지고 있으며, 진여의 마음 그 자체이며, 그것과 관계가 없거나 끊겼거나 한 것이 아니다. 그리고 갠지스 강의 모래알보다 더 많은 무수한 번뇌와 고통 등은 다만 의식된 존재로서 본래 진정한 의미에서의 존재가 아니며, 영원한 그때부터 일찍이 여래장과 더불어 서로 일치해 본 일이 없다. 그렇기 때문에 여래장 자체에 번뇌나 고통이 본래 있었는데 깨달음을 이루고부터 없어졌다고 할 수 없는 것이다.

68

중생이 시작이 있으며
여래도 끝이 있다 집착하는 경우

집시종유염정 執始終有染淨

五者는 聞脩多羅에 說하되 依如來藏故로 有生死하며 依如來藏故로 得涅槃이라 하고 以不解故로 謂衆生이 有始라 하며 以見始故로 復謂如來 所得涅槃도 有其終盡하야 還作衆生이라 하나니 云何對治오. 以如來藏이 無前際故로 無明之相도 亦無有始하니 若說三界外에 更有衆生이 始起者면 卽是外道經說이니라. 又如來藏이 無有後際하니 諸佛所得涅槃도 與之相應하야 則無後際故니라.

다섯째는 경에 설하기를 "여래장에 의해 생사가 있으며, 여래장에 의한 까닭에 열반을 얻는다"라는 말을 듣고 바르게 알지 못해 중생이 비롯됨이 있다고 여기고, 비롯함이 있다고 보는 까닭에 다시 여래가 열반을 이루어 그 기간을 다하면 도리어 중생이 된다고 한다. 어떻게 상대하여 다스리는가? 여래장이 '과거의 지난 즈음[前際(전제)]'이 없기 때문에 무명의 모습도 비롯함이 없는 것이다. 만약 삼계 밖에 다시 중생이 비롯해 일어남이 있다면 이는 곧 외도의 경에 하는 말이다. 또 여래장은 '나중의 즈음[後際(후제)]'도 없으니 부처님들이 얻은 열반도 그와 같아 나중의 즈음이 없는 것이다.

【해설】

'중생은 시작이 있고, 열반도 끝이 있다'는 그릇된 견해에 대하여 여래장은 시작도 없고 끝도 없다는 것을 밝힌다. 여래장이 시작과 끝이 없으므로 무명이나 생사에도 시작과 끝이 없는 것이다. 중생의 모든 세계가 마음에 의하여 전개된 것이므로 마음을 떠나서는 법이 존재하지 않는다.

『능가경』에서는 적멸寂滅을 일심一心이라 하고, 일심을 여래장如來藏이라 한다는 경구經句가 있다.

원효 스님은 『금강삼매경론金剛三昧經論』에서 『부증불감경不增不減經』의 구절을 인용하면서 여래장을 세 가지 뜻으로 설명하였다.

1. 능섭여래장能攝如來藏: 여래의 모든 공덕을 갖추고 능동적으로 불가사의한 지혜의 작용을 일으키는 것
2. 소섭여래장所攝如來藏: 번뇌망상에 얽혀 뭇 망념을 중생이 가지고 있으나 그 속에 여래장이 그대로 있는 것
3. 은부여래장隱覆如來藏: 법신여래가 번뇌에 뒤덮여 스스로 그 모습이

나타나지 않는 것

일반적으로 중생을 여래장이라 할 때는 중생이 불성을 가지고 있는 존재이므로 중생 속에 부처가 내재해 있다는 것을 말한다. 다시 말하면 중생 모두가 여래의 씨앗이라는 말이다.

69

사물에 실체가 있다고
주장하는 경우

법아견 法我見

法我見者는 依二乘鈍根故로 如來 但爲說人無我하시니 以說
不究竟일새, 見有五陰生滅之法하야 怖畏生死하고 妄取涅槃
하나니 云何對治오. 以五陰法은 自性不生이라, 則無有滅하야 本
來涅槃故니라.

  법아견이란 근기가 둔한 이승들에게 여래께서 다만 인무아를
설하셨다. 그러나 이 설이 이치를 끝까지 설한 완전한 것이 아니
다. 이승들은 오음의 생멸법이 있다고 여겨 생사를 두려워하고 망
령되이 열반을 취하려 한다. 어떻게 상대하여 다스리는가? 오음의
법은 자체 성품이 생기는 것이 아닌 까닭에 소멸됨도 없어서 본
래 그대로 열반이다.

【해설】

법아견의 설명은 기성 수도인이 빠지기 쉬운 고집에 대하여 말하고 있다. 사물 그 자체의 존재를 믿는 고집 가운데 오음법이 실체가 있는 것이라고 생각하는 경우, 생사를 버리고 열반을 취하려는 경향이 나타난다. 이는 오음이 실재가 없는 것임에도 불구하고 없애야 할 대상이라는 관념에 사로잡혀 오음을 두려워하고 그것을 버리려는 것을, 마치 없는 것을 있는 것으로 착각하여 아는 것과 같다는 것이다. 인연에 따라 생긴 오음(색·수·상·행·식)에는 불변의 실재가 존재하지 않는다. 본래 열반이란 오음 자체가 자성이 없기에 생멸이 없는 것을 두고 한 말이다.

70

끝내 망집은 여읜다

구경이망집 究竟離妄執

復次 究竟離妄執者는 當知染法淨法이 皆悉相待라 無有自相可說이니 是故로 一切法이 從本已來로 非色非心이며 非智非識이며 非有非無라 畢竟에 不可說相이로대 而有言說者는 當知如來善巧方便으로 假以言說하사 引導衆生이시니 其旨趣者는 皆爲離念하야 歸於眞如니 以念一切法하면 令心生滅하야 不入實智故니라.

또 끝내 망령된 집착을 여읜다는 것은 오염된 법과 청정한 법이 모두 서로 상대적으로 있기에 독립된 자체의 모습을 말할 수 없다. 이렇기 때문에 일체 법은 본래부터 물질적인 것도 아니고 정신적인 것도 아니다. 지혜로운 것이라 할 것도 없고, 인식되는 것이라고 할 것도 없다. 있는 것도 아니고 없는 것도 아니다. 끝내 설명할 수 없는 것이지만, 말로 설명하는 것은 여래가 기술적 방편으로 말의 설명을 빌어 중생들을 인도하기 위함인 줄 알아야 한다. 그 자취는 모두 망념을 떠나서 진여에 돌아가는 데 있으니, 일체 법을 망념으로 생각하면 마음을 생기고 소멸되게 하여 실제의 지혜에 들어갈 수가 없게 된다.

【해설】

그릇된 고집을 일으키게 되는 주된 원인은 모든 상대적 차별경계가 실체가 없는 것인데도, 한쪽으로 치우친 소견을 가져 어느 한쪽에 절대적으로 있는 것인 양 집착하는 데 있다.

말하자면 모든 사물은 근본적으로 볼 때 색色(물질적 형체)도 아니며, 심心(정신적인 양상)도 아니며, 지智(지혜라는 관념)도 아니며, 식識(의식이라는 관념)도 아니며, 상대적 의미의 유有도 아니며 무無도 아니다. 따라서 상대적이고 유한한 언어로써는 설명할 수가 없는 것이다. 그럼에도 불구하고 언어로써 표현한 것은 여래가 탁월한 초월적 능력으로 적당한 방편으로 언어를 빌려서 중생들을 바르게 깨우치기 위해서이다. 모든 객관적 사물들을 여러 가지 이기적인 생각으로 분별하여 의식하면 마음이 산란해지고 동요가 일어나 참된 지혜로운 존재가 되지 못하는 것이다.

71

도에 나아가는 행상의 분별과
세 가지 발심

분별발취도상 分別發趣道相

分別發趣道相者는 謂一切諸佛所證之道에 一切菩薩이 發
心修行하야 趣向義故니라. 略說發心에 有三種하니 云何爲三
고. 一者는 信成就發心이요, 二者는 解行發心이요, 三者는 證發
心이니라. 信成就發心者는 依何等人이 修何等行하야사 得信成
就하야 堪能發心고. 所謂依不定聚衆生이 有熏習善根力故로
信業果報하야 能起十善하며 厭生死苦하고 欲求無上菩提하야
得値諸佛하야 親承供養하고 修行信心하야 經一萬劫하면 信心
成就故로 諸佛菩薩이 敎令發心하되 或以大悲故로 能自發心
하며 或因正法欲滅하야 以護法因緣故로 能自發心하나니 如是
信心成就하야 得發心者는 入正定聚하야 畢竟不退하나니 名住
如來種中하야 正因相應이라 하나니라.

　도에 나아가는 행상을 분별한다는 것은 일체 모든 부처님이 증득한 도에 일체 보살이 발심 수행하여 나아가는 뜻이다. 간략히 설명하면, 발심에는 세 가지가 있다. 첫째는 믿음을 성취하는 발심이요, 둘째는 알고 실천하는 발심이며, 셋째는 체험하는 발심이다.

믿음을 성취하는 발심이란 어떤 사람들이 어떤 행을 닦아서 믿음을 성취해 능히 발심하는 것을 말하는가? 이른바 성불의 가능성이 결정되지 않는 중생들이 선근을 훈습한 힘이 있는 까닭에, 업의 과보를 믿고 열 가지 선업을 일으켜 생사의 고통을 싫어하고 위없는 깨달음을 구하고자 하여, 부처님을 만나 친히 공양하고 신심을 수행하여 일만 겁이 지나면 믿음이 성취되어 부처님이나 보살들이 가르쳐 발심하게 하는데, 능히 스스로 발심하기도 하고, 혹 정법이 소멸되려 할 적에 법을 보호하려는 인연으로 스스로 발심하기도 한다. 이처럼 신심이 성취되어 발심한 사람은 성불의 가능이 있는 사람 축에 들어가 끝내 물러나는 일이 없다. 이것을 여래의 종자 속에 들어가 부처가 될 바른 원인에 상응되는 바라 한다.

【해설】

부처가 얻은 깨달음의 길을 향해 가겠다는 마음을 낸 구도자인 보살들의 실천의지를 세 가지 단계로 설명하고 있다.

먼저 신심을 성취하여 결심을 하는 것을 신성취발심이라 하였고, 이해와 실천을 굳건히 하여 더욱 앞으로 나아가는 것을 해행

발심이라 하였으며, 법신을 증득하고 진심(참마음)을 드러내는 것을 증발심이라 하였다. 이는 수행의 지위에 따라 발심의 내용을 달리 설명해 놓은 것이다.

십신十信과 십주十住의 지위는 신성취발심을 하는 단계이고, 십행十行과 십회향十廻向은 해행발심의 단계이다. 그리고 십지十地의 지위는 증발심에 해당한다.

또 여기서 불도를 성취할 수 있는 가능성의 여부와 관련을 지어 사람을 세 가지의 부류로 구분하는 용어들을 쓰고 있다.

1. 사정취邪定聚: 인과의 도리를 믿지 않고 전혀 불법 수행에 관심이 없는 사람들
2. 부정취不定聚: 인과의 도리를 믿고 십신의 수행지위에 들어 왔으나 아직 수행이 완숙하지 못하여 성불의 여부를 판단할 수 없는 사람들
3. 정정취正定聚: 이미 부처가 될 가능성을 지니고 이승지二乘地로 물러나거나 삼악도三惡道 등에 떨어지는 일이 없는 사람들

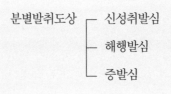

분별발취도상 ┬ 신성취발심
　　　　　　├ 해행발심
　　　　　　└ 증발심

72

근기가 하열한 이들의 발심

열근발심 劣根發心

若有衆生이 善根이 微少하야 久遠已來에 煩惱深厚하면 雖値
於佛하야 亦得供養이나 然이나 起人天種子하며 或起二乘種子
요, 設有求大乘者라도 根則不定이라 若進若退하며 或有供養諸
佛호대 未經一萬劫하야 於中遇緣하야 亦有發心하나니, 所謂見
佛色相하고 而發其心하며 或因供養衆僧하야 而發其心하며 或
因二乘之人의 敎令發心하며 或學他發心하나니 如是等發心은
悉皆不定이라. 遇惡因緣하면 或便退失하야 墮二乘地하나니라.

만약 어떤 중생이 선근이 미미하고 적어 오랜 옛적부터 번뇌가
깊고 두터우면 비록 부처를 만나서 공양을 올리는 좋은 업을 쌓
더라도 겨우 인간과 천상의 종자를 일으키며, 혹 성문이나 연각의
이승이 되는 종자를 일으킨다. 설사 대승을 구하는 자가 있더라
도 근기가 확정적이지 못해 나아가기도 하고 물러나기도 한다. 혹

은 부처님께 공양을 올리되 일만 겁을 경과하지 못하고도 중간에 인연을 만나 발심하는 경우도 있다. 이른바 부처님의 상호를 보고 발심하며, 또는 여러 스님들에게 공양을 올린 일로 인하여 발심하며, 또는 이승인들의 가르침으로 인해 발심하기도 하고, 또는 남에게 배워서 발심하기도 한다. 이와 같은 경우의 발심은 모두 일정하지가 않아 만약 나쁜 인연을 만나면 문득 마음이 나약해져 발심을 잃고 이승들의 지위에 떨어지게 된다.

【해설】

발심의 동기가 사람마다 다르다는 것과 또 숙세의 선근이 어떠하냐에 따라 근기의 차별이 나타난다는 양상을 밝혀 놓았다. 인천의 종자란 인간세상이나 천상에 태어나서 복을 누리는 선업을 행하는 것을 말하는데, 인과법에 의해 좋은 과보를 받는 경우다. 발심을 하고서도 나쁜 인연을 만나 수도에 장애를 받게 되어 대승에의 신심이 없어지기도 하는 경우에 대해서도 언급하였다. 발심의 동기가 사람에 따라 다르며, 또한 발심의 지속이 일정하지 않은 부정취중생이 이승에 떨어지는 허물을 밝히고 있다.

대승에서는 이승들(성문·연각)의 수행을 독선적인 것으로 보고, 이타의 원력이 없는 수행은 완전한 수행으로 인정하지 않는다.

73

발심의 양상

발심상 發心相

復次信成就發心者는 發何等心고. 略說有三種이니 云何爲三
고. 一者는 直心이니 正念眞如法故요. 二者는 深心이니 樂集一
切諸善行故요. 三者는 大悲心이니 欲拔一切衆生苦故니라.

　믿음을 성취하여 발심한다는 것은 어떤 마음을 내는 것인가?
간략히 말하면 세 가지 마음이다. 첫째는 '곧은 마음'으로 바로 진
여의 법을 생각하는 것이며, 둘째는 '깊은 마음'으로 일체 선행을
모으기를 좋아하는 것이며, 셋째는 '대비의 마음'으로 일체 중생
들의 고통을 완전히 제거해 주는 것이다.

【해설】

　신성취발심信成就發心의 내용에 관한 설명이다. 오로지 진여법
만을 생각하는 마음을 '곧은 마음'이라 하였다. 현상의 객관 경계

에 끌려가 세속적 환경에 깊이 젖더라도 신심을 잃지 않는 것을 말한다. 곧은 마음과 선행을 즐겨 모으는 깊은 마음, 그리고 남의 고통을 덜어 주는 대비심의 세 가지 마음은 믿음이 성취된 단계에서야 비로소 발휘된다는 것이다.

74

일체 선법을 닦으면
진여에 돌아간다

귀순진여법 歸順眞如法

問曰 上說法界一相이라, 佛體無二어늘 何故로 不唯念眞如하고 復假求學諸善之行고. 答曰 譬如大摩尼寶의 體性이 明淨이나 而有鑛穢之垢하면 若人이 雖念寶性이나 不以方便으로 種種磨治하면 終無得淨인달하야 如是衆生의 眞如之法도 體性空淨이나 而有無量煩惱染垢이어든 若人이 雖念眞如하나 不以方便으로 種種熏修하면 亦無得淨하나니 以垢無量하야 遍一切法故로 修一切善行하야 以爲對治니 若人이 修行一切善法하면 自然歸順眞如法故니라.

위에서 말하기를 법계는 하나의 모습이며 부처의 본체는 둘이 없다 하였는데 무슨 까닭으로 진여만 생각하지 않고 다시 온갖 선행을 배워야 한다고 하는가? 그것은 비유하면 이렇다. 큰 마니보의 체성이 밝고 깨끗하나 다른 물질의 더러운 때가 있으면, 사람의 성품이 비록 보배라는 것을 알더라도 여러 가지 방편으로 갈고 때를 벗기지 아니하면, 마침내 깨끗해질 수가 없다. 때가 한량이 없어서 일체 법에 두루 하므로 일체 선행을 닦아서 때를 벗기는 것이다. 만약 누구든지 일체 선법을 닦아 행하면 저절로 진여의 법에 돌아가게 된다.

【해설】

선행을 닦는 것을 맑게 빛나는 마니보에 끼어 있는 때를 닦아내는 데 비유하였다. 중생이 본래 진여의 법을 가지고 있지만 때가 낀 마니보처럼 번뇌에 오염되어 있으므로, 그 때를 없애기 위한 방법으로 온갖 선행을 닦는다는 것이다. 마니보에 끼인 때를 제거하면 본래의 깨끗함을 되찾듯이, 선법善法을 수행하면 진여의 마음을 회복하게 된다.

75

머물지 않는 방편

부주방편 不住方便

略說方便에 有四種하니 云何爲四오. 一者는 行根本方便이니
謂觀一切法이 自性無生하야 離於妄見하야 不住生死하며 觀
一切法이 因緣和合하야 業果不失하고 起於大悲하야 修諸福
德하야 攝化衆生호대 不住涅槃이니 以隨順法性의 無住故니라.

   간략히 방편을 설명하면 네 가지가 있다. 첫째는 '근본을 행하
는 방편'이 있는데, 이는 일체 법이 자체 성품이 없음을 관찰해서
망견을 떠나 생사에 머물지 않는 것이며, 일체 법이 인연으로 화
합하여 업과가 상실되지 않음을 관찰하여 대비를 일으켜서 온갖
복덕을 닦고 중생들을 거두어 교화하되 열반에 머물지도 않는 것
이니, 법의 성품이 머물지 않는 이치를 따르는 까닭이다.

【해설】

방편이란 방법과 같은 뜻을 가진 말이다. '편의를 위한 교묘한 수단을 쓰는 것'을 방편을 쓴다고 한다. 범어 'upāya-kauśalaya'를 번역한 말로, 진실에 의거하고 또한 진실에 이르는 수단이라는 뜻이다.

법성은 곧 진여의 본성을 달리 표현한 말로 4가지 특징을 가지고 있다. 진여의 본성은 ① 머무는 바가 없고[無住(무주)], ② 일체 허물을 떠나 있으며[離諸過(이제과)], ③ 어리석음으로 인한 장애가 없으며[離痴障(이치장)], ④ 단절됨이 없다[無斷絶(무단절)].

행의 근본이 되는 방편이란, 실제 생활에 근본 진리를 적용하고 실천한다는 뜻으로 이 세상 모든 사물을 영원불변성의 실체가 있는 것이라고 보지 않는다. 따라서 그릇된 집착을 일으켜 죽자 사자 다투며 허황한 행동을 하는 일이 없다. 이 세상 모든 것은 인과 연의 관계에 의하여 존재하는 것일 뿐이다. 따라서 인과因果의 도리를 벗어날 수 없다는 근본 이치를 알고 세상을 올바르게 살아가는 것이다. 그리고 자기가 할 일이 무엇인가를 책임 있게 알아 대비심을 일으켜 중생들을 위한 진여 본성의 활동을 전개해 나간다. 끝없는 이타행을 실천하여 중생을 교화하지만 정작 자신은 열반에 안주하지 않고 언제나 진여의 본성에 순응하여 이타의 원력만을 키워나간다.

76

스스로를 이롭게 하는
두 가지 방편

이종자리방편 二種自利方便

二者는 能止方便이니 謂慚愧悔過하야 能止一切惡法하야 不令增長이니 以隨順法性의 離諸過故니라. 三者는 發起善根增長方便이니 謂勤供養禮拜三寶하며 讚歎隨喜하며 勸請諸佛하나니 以愛敬三寶淳厚心故로 信得增長하야 乃能志求無上之道하며 又因佛法僧力의 所護故로 能消業障하야 善根不退니 以 隨順法性의 離癡障故니라.

둘째는 '능히 그치는 방편'이다. 잘못한 허물에 대해 부끄러워하고 뉘우쳐서 능히 일체의 악을 그쳐서 더 이상 늘어나지 않게 한다. 이는 법성 자체에는 아무런 허물이 없는 이치를 따르기 때문이다.

셋째는 '선근을 일으켜 더욱 커지게 하는 방편'이다. 부지런히 삼보를 공양하고 예배하며 기뻐하는 마음으로 찬탄하며 부처님을 청한다. 이렇게 하여 삼보를 좋아하고 공경하는 마음이 순수하고 두텁기 때문에 심심이 더욱 커져서 능히 위없는 도를 구하며, 또 삼보의 힘이 보호해 주므로 능히 업장을 소멸해서 선근이 움츠러들지 않는다. 이것은 법성 자체가 어리석음의 장애를 떠난 이치를 따르기 때문이다.

【해설】

진여의 본성이 가진 4가지 특징의 하나하나에 따르는 방편을 말하고 있다. 앞의 '근본을 행하는 방편'은 법성이 머무르지 않는 데 따르는 것이고, '능히 그치는 방편'은 법성의 모든 허물을 떠나 있는 데 따르는 것이다. 그리고 '선근을 일으켜서 더욱 늘어나게 하는 방편'은 법성의 어리석음의 장애를 여읜 점에 따르는 것이다. 결국 본래 진여의 참모습으로 돌아가는 것을 말하고 있다. 과거에 저질렀던 잘못된 행위에 대하여 깊이 뉘우치고 반성함은 물론 더 이상의 죄악을 범하는 행위가 없도록 방지한다. 또한 삼보의 진정한 의미를 알아 선근을 더욱 키워 나가는 데 주력한다. 여기서 언급한 삼보의 참된 의미는 바로 진여 본성에 갖추어진 공덕을 두고 말하는 바이다. 위없는 도道를 구하는 것은 궁극적인 진리를 체험하여 자기 자신 내부의 정신적 혁명에 성공하도록 이끈다.

77

남을 이롭게 하는 방편

이타방편 利他方便

四者는 大願平等方便이니 所謂發願하야 盡於未來히 化度一切衆生하야 使無有餘하야 皆令究竟無餘涅槃이니 以隨順法性의 無斷絶故며 法性이 廣大하야 遍一切衆生하야 平等無二하니 不念彼此하면 究竟寂滅故니라.

넷째는 '크나큰 발원을 평등하게 하는 방편'이다. 이른바 원을 발해서 미래가 다하도록 일체 중생을 교화 제도하여 남김없이 모두 더할 나위 없는 완전한 열반에 들어가게 하도록 한다. 이는 법성 자체가 끊어짐이 없는 이치에 따르기 때문이며, 법성이 광대하여 일체 중생에게 두루 미쳐 평등하여 차별된 둘이 없는 것이니, 너와 나를 따지지 아니하면 더할 나위 없이 그대로 적멸이기 때문이다.

【해설】

　모든 중생에 대하여 큰 원을 발하여 그들에게 평등하게 이익을 주는 방편이다. '하나도 남김없이 일체의 고통을 떠난 완전한 열반에 들게 하리라'라는 원을 펴는 이 방편은 진여의 본성이 본래 끊어짐이 없는 이치에 순응하기 때문에 일으키는 것이다. 진여의 본성은 영원하고 광대하다. 모든 중생이 모두 이 진여 본성에서 보면 상대적인 차별을 초월하여 똑같다. 너와 나를 나누어 둘로 보는 것은 진여의 본성에 순응하지 못한 망념에 의하기 때문이다.

　믿음을 성취한 발심에서 세 가지 마음을 일으킨 보살들은 이로 인해 어떤 결과를 가져오는가?

　다음 대목에서 발심의 이익을 밝히고 있다.

78

발심으로 얻는 이익

발심이익 發心利益

菩薩이 發是心故로 則得小分見於法身이요. 以見法身故로 隨
其願力하야 能現八種하야 利益衆生하나니 所謂從兜率天退하
야 入胎 住胎 出胎하며 出家 成道하야 轉法輪 入於涅槃하나니
라. 然이나 是菩薩을 未名法身은 以其過去無量世來로 有漏之
業을 未能決斷이라 隨其所生하야 與微苦로 相應하나 亦非業繫
니 以有大願自在力故니라.

보살이 이러한 마음을 낸 까닭에 어느 정도 법신을 보고, 법신
을 보았기 때문에 그 원력을 따라서 능히 여덟 가지의 모습을 나
타내서 중생을 이롭게 한다. 이른바 도솔천에서 내려와 모태에 들
고, 모태에 머물며, 모태에서 나와 출가하여 도를 이루고, 법문을
설하며, 열반에 들어간다. 그러나 이 보살을 아직 법신이라 하지
않는 것은 과거의 한량없는 세상으로부터 오면서 번뇌의 업을 끊

지 못했기 때문이다. 그리하여 태어나는 곳에 따라 미세한 괴로움이 남아 있게 된다. 그렇지만 업에 묶인 과보의 고통이 있지는 않다. 그것은 큰 원력의 자유자재한 힘이 있기 때문이다.

【해설】

믿음을 성취하여 직심直心, 심심深心, 그리고 대비심大悲心을 일으킨 보살은 그 덕택으로 어느 정도 법신을 볼 수 있다. 그리하여 부처의 일생을 나타내 보이는 여덟 가지 장면을 보여 줄 수 있다. 도솔천이라는 천상세계에서 인간세상으로 내려와 모태에 들어가고, 모태에 머물다가 출태하여 인간으로 태어나서 출가 수행하여 도를 이루고, 법륜을 굴리다가 열반에 들어가는 것이다. 그러나 이러한 보살을 아직 법신이라고 부르지 못한다. 왜냐하면 과거 무량세로부터 지어온 업의 잔재를 완전히 끊어 버리지 못하여 태어난 곳에 따라 생활하는 육체적 환경의 고통이 미세하게 남아 있기 때문이다. 그러나 과거의 업에 완전히 묶여 있는 것은 아니다. 대원을 발하는 자재한 힘이 있으므로 범부들과 같은 업에 묶이는 결박에서는 벗어나게 된다.

79

인도하여 실법에
들어오기를 권하다

인권입실 引勸入實

如脩多羅中에 或說有退墮惡趣者는 非其實退라 但爲初學
菩薩이 未入正位而懈怠者가 恐怖하야 令彼勇猛故니라. 又是
菩薩이 一發心後에 遠離怯弱하야 畢竟不畏墮二乘地하며 若
聞無量無邊阿僧祇劫에 勤苦難行하야사 乃得涅槃이라도 亦不
怯弱하나니 以信知一切法이 從本已來로 自涅槃故니라.

경 가운데 혹 물러나 악도에 떨어지는 수가 있다고 말한 것은
실제 수행에서 물러나는 것은 아니다. 다만 처음 배우는 보살로
바른 수행의 지위에 들어가지 못하고 게으름을 피우는 자들을 위
해 두려움을 느끼게 하여 그들에게 용맹스러운 마음을 가지도록
하기 위해서이다. 또 보살이 한 번 발심한 후에 겁을 내거나 나약
해지지 않고 끝까지 이승들의 땅에 떨어지지 않게 한다. 만약 한
량없고 가없는 아승지겁에 부지런히 고통을 무릅쓰고 어려운 수

행을 해야 열반을 얻는다는 말을 듣더라도 겁을 내거나 나약해지지 않게 된다. 그것은 일체 법이 본래부터 스스로 열반에 든 상태인 것을 믿어 알기 때문이다.

【해설】

간혹 어떤 경전에서는 대원을 발한 보살들도 때로는 수행의 길에서 물러나는 경우가 있고 잘못된 길에 떨어지는 수가 있다고 한다. 그러나 그것은 실제로 물러나는 것이 아니다. 다만 처음 공부를 시작한 보살이 아직 바른 수행의 지위에 들어가지 못해 혹 게으름을 피우는 수가 있으므로 그들을 분발하게 하기 위하여 방편으로 설해 놓은 말일 뿐이다. 보살은 결코 겁을 내거나 나약한 마음을 가지지 않아 이승들의 지위에 떨어지는 일이 없다. 그리고 아무리 오랜 세월을 고행을 하여야 한다는 말을 들어도 회의를 품고 나약해지는 일도 없다. 왜냐하면 일체 법이 본래부터 그냥 그대로 열반임을 믿고 알기 때문이다.

80

알고 실천하는 발심

해행발심 解行發心

解行發心者는 當知轉勝이니 以是菩薩이 從初正信已來로 於
第一阿僧祇劫이 將欲滿故로 於眞如法中에 深解가 現前하고
所修는 離相하니 以知法性이 體無慳貪故로 隨順修行檀波羅
密하며 以知法性이 無染하야 離五欲過故로 隨順修行尸波羅
密하며 以知法性이 無苦하야 離瞋惱故로 隨順修行羼提波羅
密하며 以知法性이 無身心相하야 離懈怠故로 隨順修行毘黎
耶波羅密하며 以知法性이 常定하야 體無亂故로 隨順修行禪
波羅密하며 以知法性이 體明하야 離無明故로 隨順修行般若
波羅密하나니라.

'알고 실천하는 발심'이란 더욱 나아지는 발심인 줄 알아야 한
다. 보살이 처음 바르게 믿기 시작한 이래로 첫 번째 아승지겁이
채워지려 할 적에 진여의 법에 대한 깊은 이해가 드러나 수행으

로 상相을 여의게 된다. 법의 성품이 자체에 아끼는 욕심이 없는 것을 알기 때문에 스스럼없이 단(보시)바라밀을 수행하며, 법의 성품이 자체에 오염됨이 없이 오욕의 허물을 여읜 것을 알기 때문에 스스럼없이 시(지계)바라밀을 수행하며, 법의 성품이 자체에 괴로움은 없어 성난 번뇌를 여읜 것을 알기 때문에 찬제(인욕)바라밀을 수행하며, 법의 성품이 자체에 몸이니 마음이니 하는 형상이 없어 게으름을 여읜 것을 알기 때문에 비려야(정진)바라밀을 수행하며, 법의 성품이 언제나 안정되어 혼란스러움이 없음을 알기 때문에 스스럼없이 선정바라밀을 수행하며, 법의 성품이 자체가 밝아서 어두운 면이 존재하지 않는 것을 알기 때문에 반야(지혜)바라밀을 수행한다.

【해설】

보살들이 처음 발심한 이래 아승지겁이라는 오랜 세월의 수행 기간이 완료되면 이해와 실천이 굳건하여 더욱 나아진 발심의 상태가 되는데, 이를 '알고 실천하는 발심[解行發心(해행발심)]'이라 부른다. 마음이 항상 진여의 마음으로 돌아가 세속적인 갈등이나 대립을 벗어나고 어떠한 파멸적 행위에 가담하지 않는다. 그리고 항상 진여의 본성에 순응하여 바라밀행을 수행하는 생활을 하게 된다. 그 생활의 덕목이 여섯 가지의 바라밀이다. 바라밀이란 파라미타paramita라는 범어의 소리를 옮긴 말로 저 언덕, 곧 열반의 세계에 도달한다는 뜻이지만 완성된 상태를 향해 닦아 나가는 과정을 말하는 것이다. 그 여섯 가지는 다음과 같다.

1. 진여의 본성이 인색하지 않고 탐욕이 없는 것임을 알아 거기에 순응하기 위하여 단檀^{dāna}[布施(보시)]바라밀을 완성하려고 한다.

2. 진여의 본성이 인간의 관능적 욕구인 재물, 이성 간 음욕, 음식, 명예, 수면 따위의 오욕락을 떠나 있는 것임을 알고는 시尸^{śīla}[戒(계)]바라밀의 완성을 기한다.

3. 진여의 본성이 시기, 질투, 분노와 같은 번뇌를 영원히 떠나 있음을 알고 찬제羼提^{kṣānti}[忍辱(인욕)]바라밀을 실천, 인忍의 덕을 성취한다.

4. 진여의 본성이 몸과 마음, 곧 육체적·정신적 상황의 한계가 없어 게으름 등이 없음을 알고 비리야毘梨耶^{vīrya}[精進(정진), 勤(근)]바라밀을 닦아 부지런함의 덕을 완성한다.

5. 진여의 본성이 어지러움과 분열됨이 없이 항상 안정되어 있다는 사실을 알고 이에 순응하여 선정의 덕을 완성시킨다.

6. 진여의 본성이 밝고 지혜로워 조금도 어리석음이 없음을 알고 이에 순응하여 지혜의 완성을 기해 나간다.

81

체험해 얻는 발심

증발심 證發心

證發心者는 從淨心地로 乃至菩薩究竟地히 證何境界오 함이니
所謂眞如니라. 以依轉識하야 說爲境界나 而此證者는 無有境
界요, 唯眞如智일새 名爲法身이니라.

'체험해 얻는 발심'은 마음이 깨끗해진 지위로부터 보살 수행의
마지막 지위까지 어떤 경계를 체험하는 것을 두고 하는 말이다.
말하자면 진여를 체험하는 것이다. 중생이 가진 객관을 인식하는
입장에서 경계라고 말하지만 여기서 체험하는 것은 경계가 없고
오직 진여의 지혜일 뿐이다. 이것을 법신이라 한다.

【해설】
정심지淨心地, 곧 보살 수행의 지위인 초지 환희지歡喜地에서
보살의 마지막 지위인 십지 법운지法雲地까지의 수행과정에 있는

보살들을 법신보살이라 부른다. 이 보살들의 발심은 법신을 증득하고 진심을 드러내는 발심이므로, 진여를 증득했다 하여 증발심이라 한다는 것이다. 증득이란 체험에 의해 증명한다는 뜻이다. 법의 몸, 곧 진리의 몸을 얻었으므로 일으키는 행동이 진리와 그대로 일치되는 이들이 법신보살이다. 분별의 경계에서 대두되는 객관이 사라지고 주객일여의 경지인 진여가 지혜 그 자체로 남아 있을 때, 이를 법신이라 한다는 것이다.

82

법신보살의 덕

법신보살 권실덕 法身菩薩 權實德

是菩薩이 於一念頃에 能至十方無餘世界하야 供養諸佛하고 請轉法輪호대 唯爲開導利益衆生이언정 不依文字하나니 或示超地하야 速成正覺은 以爲怯弱衆生故요, 或說我於無量阿僧祇劫에 當成佛道라 함은 以爲懈怠衆生故니라. 能示如是無數方便 不可思議나 而實菩薩은 種性根等하며 發心則等하며 所證도 亦等하야 無有超過之法하니 以一切菩薩이 皆經三阿僧祇劫故니라. 但隨衆生世界가 不同하며 所見所聞의 根欲性異할새, 故示所行이 亦有差別이니라.

이 보살은 한 생각 사이에 능히 시방 모든 세계에 이르러서 부처님께 공양하고 법륜을 굴린다. 오직 중생을 인도해 이롭게 하기 위하여 하는 일일 뿐 문자를 의지해 이론을 제시하는 것이 아니다. 때로는 지위를 뛰어넘어 속히 정각을 이루는 것을 보여 주는 것은 의지가 나약한 중생들을 위해서이며, 때로는 한량없는 아승지겁에 불도를 이루었다 말하는 것은 게으른 중생을 위해서이다. 능히 이러한 불가사의한 수없는 방편을 보이나 실로 보살은 종성과 근기가 똑같으며, 발심도 똑같으며, 증득한 바도 똑같아서 초과되는 법이 없다. 일체 보살이 모두 삼아승지겁을 경과했기 때문이다. 다만 중생세계가 같지 아니하며 본 바와 들은 바의 근기와 욕구와 성격이 다르기 때문에 행하는 바도 각각의 경우에 부합하여 차별되게 보여줄 뿐이다.

【해설】

법신보살들은 어떤 한정된 상황 속에서 제한된 활동을 하는 것이 아니다. 지혜를 구현한 이 보살들은 탁월한 능력을 갖추고 있다. 시방의 온 세계에 빠짐없이 도달하여 부처님을 받들어 섬기고 법을 설해 주기를 청한다. 문자를 의지하지 않는다는 것은 이론적이고 논리적인 것을 앞세우지 않고 몸소 실천적인 자세를 취하여 중생들을 위해 준다는 말이다. 그 교화하는 방법이 점차적인 수도의 과정을 초월하여 성불하는 예를 가르쳐 주기도 하고, 게으른 자들을 위해서는 한량없는 아승지겁 동안을 수행하여 불도를 이루는 예를 말해 주기도 한다. 이리하여 가지가지 많은 방편을 보여 주지만 보살들은 누구나 발심이 똑같으며 증오한 바도 똑같아 특별하게 뛰어난 사람은 아무도 없다. 그것은 다같이 삼무수겁의 수행을 성취했기 때문이다. 다만 중생들이 처해 있는 세

계와 환경이 다르고 보고 듣는 경계가 다르므로 보살들이 보여
주는 행위도 그에 맞게 차별이 있다는 것이다.

83

발심의 세 가지 양상과
덕의 작용

발심삼상 급덕용 發心三相 及德用

又是菩薩의 發心相者는 有三種心微細之相하니 云何爲三고.
一者는 眞心이니 無分別故요. 二者는 方便心이니 自然遍行하야
利益衆生故요. 三者는 業識心이니 微細起滅故니라. 又是菩薩
의 功德이 成滿하야 於色究竟處에 示一切世間最高大身하나니
謂以一念相應慧로 無明頓盡을 名一切種智니 自然而有不思
議業하야 能現十方하야 利益衆生하나니라.

　또 이 보살의 발심한 상태는 세 가지 미세한 양상이 있다. 첫째
는 '참된 마음'으로 분별이 없는 상태다. 둘째는 '방편의 마음'으로
자연스럽게 두루 행하여 중생을 이롭게 한다. 셋째는 '업이 남아
있는 마음'으로 미세하게 일어났다가 없어진다.

　또 이 보살은 공덕이 채워져서 물질적 형태의 최고의 상태에서
일체 세간에 최고의 위대한 몸을 나타내 보인다. 이른바 한 생각

에 서로 응해진 지혜로 무명이 단박에 없어져 버리는 것을 가리
키는데, 이것을 모든 것을 다 아는 지혜인 '일체종지'라 한다. 자연
스럽게 생각으로 헤아릴 수 없는 수승한 업이 온 누리에 나타나
중생들에게 이익을 준다.

【해설】

법신보살들의 발심에는 세 가지 특징이 있다. 첫째는 분별하지
않는 참마음으로 발심이 된다는 것. 둘째는 애써 억지로 인위적
으로 중생을 대하는 것이 아니라 자연스럽게 두루 중생을 이롭게
하는 방편을 잘 쓰는 마음이고, 셋째는 미세하게 일어나고 소멸되
는 업식의 마음이다.

진심이란 모든 사물을 평등하게 보는 본각의 근본지根本智를
말하고, 방편심이란 사물과의 관계에서 평등성을 발휘하여 실천
적으로 닦아 완성시킨 구경각의 후득지後得智를 말한다. 이 두 가
지 지혜가 아뢰야식의 본식本識을 의지하는데 삼세三細의 미세한
단계인 전식轉識·현식現識의 과정을 생략하여 그냥 업식심이라
한 것이다. 여기서 업식의 일어나고 소멸함을 말하는 것은 앞의
두 지혜가 일어날 때 이 업식이 미세하게 일어나 관계하므로 부처
님 지혜의 순정純淨한 덕성德性이 발휘되는 것과의 차별을 나타내
기 위한 것이다.

또 이 보살의 공덕이 원만하게 성취되면 물질적物質的·형상적
形相的으로 가장 높이 완성된 이 세상에서 가장 탁월한 인간성

을 보여 주는데, 생각 자체가 지혜 그대로 일치되어 무명이 단박에 끊어져 버린다. 이때의 지혜를 모든 것을 다 아는 일체종지라 부른다. 이 지혜로 보살은 불가사의한 능력을 발휘하여 온 누리의 중생들을 이롭게 해 준다. 색구경처란, 색계의 가장 높은 가장자리로 물질적 형태의 세계에서 마지막 한계에 도달하여 색이 끝나는 곳으로, 물질적 형태 안에서 야기되는 모든 고통이 다한다는 것을 의미한다.

법신보살의 발심상 ┌ 진심
              ├ 방편심
              └ 업식심

84

일체를 아는 지혜는 망념을 여읜다

논량이념종지 論量離念種智

問日 虛空이 無邊故로 世界無邊하며 世界無邊故로 衆生이 無邊하고 衆生이 無邊故로 心行差別도 亦復無邊이라 如是境界는 不可分齊하야 難知難解어늘 若無明이 斷하면 無有心想이어니 云何能了완대 名一切種智오. 答日 一切境界는 本來一心이라 離於想念이언마는 以衆生이 妄見境界故로 心有分齊요, 以妄起想念하야 不稱法性故로 不能決了어니와 諸佛如來는 離於見想하사 無所不遍이시니 心眞實故며 即是諸法之性이니라. 自體가 顯照一切妄法하야 有大智用하야 無量方便으로 隨諸衆生의 所應得解하야 皆能開示種種法義하나니 是故로 得名一切種智니라.

허공이 끝이 없으므로 세계가 끝이 없으며, 세계가 끝이 없으므로 중생이 끝이 없고, 중생이 끝이 없으므로 마음에 생각이 일어나는 차별도 또한 끝이 없는 것이다. 이와 같은 경계는 구분해 한정할 수 없어서 알기 어려운 것이다. 만약 무명이 끊어지면 마음에 생각이 없어지는데 어떻게 알 수 있기에 일체를 아는 지혜라 하는가?

일체의 경계는 본래 한마음이다. 생각을 떠나 있는 것인데 중생이 망령되이 경계를 보기 때문에 마음에 구분되는 범위가 있다. 망령되이 생각을 일으켜서 법의 성품에 부합되지 않으므로 능히 확실하게 알지 못하게 된다. 하지만 부처님들께서는 망견의 생각을 여의어 두루 미치지 않은 곳이 없으니 마음이 참된 까닭이며 모든 법의 성품이기 때문이다. 또한 자체가 일체 망령된 법을 나타내 비추어서 큰 지혜의 작용으로 한없는 방편으로 중생들이 알아들을 만한 능력에 맞춰 온갖 종류의 법의 뜻을 모두 열어 보인다. 이러므로 일체를 아는 지혜라고 한다.

【해설】

이 세상은 공간적으로 끝이 없는 것이다. 따라서 그 안에 있는 세계와 중생도 끝이 없는 것이며, 동시에 중생의 마음가짐이나 행동의 차이도 끝이 없는 것이다. 그것은 한계를 그을 수가 없고 알수도 없는 것이다. 그런데 '만약 무명이 끊어지면 의식 활동이나 상상 활동도 할 수 없는 상황인데 어떻게 우주와 세계와 중생과 중생의 여러 가지 마음가짐과 행동 등을 철두철미하게 알 수 있으며, 또 모든 것을 다 아는 지혜라 할 수 있겠는가?'라는 의문을 제기하고, 또 여기에 대한 답변을 해 주고 있다.

　모든 대상의 세계는 본래 우리의 그릇된 의식에 의해 의식된 채 우리들 앞에 놓이게 된 것이다. 망상이라고 하는 잘못된 생각 때문에 집착이 일어나고 이것저것을 구별을 지어 서로 대치시키기 때문에 마음 안에 분할하고 구분하는 등의 현상이 생기게 된다. 모든 사물이 가지고 있는 본래의 근본 의미(이를 제일의제第一義諦라 한다)는 우리들이 일으키는 망상과는 관계가 없는 것이다. 오히려 망상 때문에 그 본래의 근본 의미를 모르게 되는 것이다. 참된 깨달음을 얻은 이들은 그릇된 견해나 망상을 일으키지 않으므로 어디에나 두루 미치는 보편적인 지혜의 본성에서 나오는 빛을 발한다. 이리하여 잘못 의식되는 관념의 허위성을 떨쳐버리고 오직 탁월한 지혜의 기능을 발휘하여 온갖 방편을 베풀고, 중생들의 능력 정도에 알맞은 적절한 양상으로 모든 것을 다 보여주므로, 이를 모든 것을 다 아는 지혜, 곧 일체종지라 하였다.

85

작용도 오직 마음이 나타내는 것이다

논량용유심현 論量用唯心現

又問曰 若諸佛이 有自然業하야 能現一切處하야 利益衆生者
인댄 一切衆生이 若見其身커나 若觀神變나 若聞其說에 無不
得利어늘 云何世間에 多不能見인가? 答曰 諸佛如來는 法身이
平等하사 偏一切處하사대 無有作意할새 故로 而說自然이라. 但
依衆生心現하나니 衆生心者는 猶如於鏡하야 鏡若有垢하면 色
像이 不現이니 如是衆生도 心若有垢하면 法身이 不現故니라.

  모든 부처님들은 자연스럽게 하는 일이 있어서 능히 모든 곳에
나타나 중생을 이롭게 한다면 일체 중생이 그 몸을 보거나 신통
을 보거나 그 말씀을 들음에 이익을 얻지 못함이 없어야 할 것이
거늘 어째서 세간에서 모두 다 보지를 못하는가?

  모든 부처님여래는 법신이 평등하여 어느 곳이나 두루 미치지
만, 일부러 고의적으로 행하는 면이 전혀 없기에 자연스럽게 하

는 것이라 말한다. 다만 부처가 나타나는 것이 중생들의 마음에 의해 나타나는 것이다. 그리고 중생의 마음이란 마치 거울과 같다. 거울에 만약 먼지가 끼면 물체의 형상이 나타나지 아니한다. 이처럼 중생도 마음에 만약 때가 끼여 있으면 법신이 나타나지 못하게 된다.

【해설】

부처님들은 저절로 나타나는 위대한 능력이 있어 어디에나 나타나지 않는 곳이 없이 도처에서 중생들을 이롭게 한다면, 모든 중생들이 혹 그 몸을 보거나 그 신통한 능력을 보거나 또는 그 말씀을 들을 때 모두가 이익을 얻어야 하는데, 어째서 세상에는 많은 중생들이 그를 보지 못하는가?

부처님들의 법신은 평등하고 어디에나 없는 데가 없다. 그리고 주관적인 편협성에 사로잡혀 인위적으로 분별심으로 행하는 일도 없다. 그러므로 '저절로 그러하다'는 뜻에서 자연이라 하고, 때로는 무공용無功用이라 하기도 한다. 여래의 법신은 개체적으로 분리되어 나와 대립되는 객체가 아니다. 다만 중생들의 마음에 문제가 있을 뿐이다. 거울이 먼지가 쌓이지 않은 깨끗한 상태라야 물체의 모습이 비춰지듯이 중생의 마음에 번뇌의 때가 있으면 부처의 법신이 보이지 않게 된다.

정종분
正宗分

수행신심분
修行信心分

86

수행신심분과 네 가지 믿음과 다섯 가지 행

수행신심분 사신, 오행 修行信心分 四信, 五行

已說解釋分하니 次說修行信心分하리라. 是中에 依未入正定
衆生할새 故로 說修行信心이니 何等信心이며 云何修行고. 略說
信心이 有四種하니 云何爲四오. 一者는 信根本이니 所謂樂念眞
如法故요, 二者는 信佛有無量功德이니 常念親近하야 供養恭
敬하며 發起善根하야 願求一切智故요. 三者는 信法有大利益이
니 常念修行諸波羅密故요, 四者는 信僧能正修行하야 自利利
他이니 常樂親近諸菩薩衆하야 求學如實行故니라. 修行이 有五
門하야 能成此信이니 云何爲五오. 一者는 施門이요, 二者는 戒門
이요, 三者는 忍門이요, 四者는 進門이요, 五者는 止觀門이니라.

　이미 해석하는 부분을 설했으니 다음으로 신심을 수행하는 부
분을 말하리라.
　여기에서는 정정취에 들어가지 못한 중생들이 의지하여 신심

을 수행하게 한다. 어떤 신심을 어떻게 수행하느냐 하면, 간략히 설명하면 신심에는 네 가지가 있다. 첫째는 근본을 믿는 것이니 이른바 진여의 법을 즐겨 생각하는 것이다. 둘째는 부처님에게 한량없는 공덕이 있다는 것을 믿고 항상 친히 가까이 하려고 생각해서 공양하고 공경하며 선근을 일으켜 일체의 지혜를 구하려 하는 것이다. 셋째는 법에 큰 이익이 있다는 것을 믿고 항상 바라밀을 닦으려 생각하는 것이다. 넷째는 승보들은 능히 바른 수행을 하여 스스로 이롭게 하고 남을 이롭게 한다는 것을 믿으며, 항상 기꺼이 보살들을 친히 가까이해서 실다운 행을 찾아 배우는 것이다.

수행은 다섯 종류의 문이 있어 능히 믿음을 성취한다. 하나는 보시의 문이며, 둘은 지계의 문이고, 셋은 인욕의 문이며, 넷은 정진의 문이며, 다섯은 지관의 문이다.

【해설】

해석분을 마치고 수행신심분에 들어갔다.

먼저 정정취에 들지 못한 중생들을 위해서 신심에 대하여 설하였다. 정정취란 순조롭게 수행을 해 나가 부처가 될 가능성이 있는 사람들을 가리키는 말이다. 정정취에 들지 못한 중생이란 곧 부정취 중생이다. 인간의 윤리의식과 도덕정신의 수준에 따라 세 부류의 구분을 지어 정정취正定聚, 부정취不定聚, 사정취邪定聚라 하는데, 수행을 완성하여 부처가 될 가능성이 있는 자(정정취)와 아직은 그 가능성이 결정되지 않은 사람들(부정취), 그리고 선근이 부족하여 성불이 불가능하다고 판단되는 사람들(사정취)이다. 대승에 대한 믿음을 일으키게 하는, 인간의 정신 수준을 높이는 것이야말로 인간의 삶에 있어서 가장 중요한 문제다. 여기서 네 가지 믿음을 밝히면서 먼저 근본을 믿는 것을 말하고 있다. 이 세상 모든 사물의 근본이 진여라는 사실을 잊지 않고 즐겨 생각하는 것이 근본을 믿는 것이다. 이 근본에 대한 믿음이 확립된 다음에 불법승 삼보를 믿게 된다. 진여는 곧 참되고 한결같은 중생의 마음이다. 동시에 이는 만물의 근본이다. 이 세상의 모든 사물이 마음에 의해 의식되고 대상화對象化된 것이라는 사실을 알아야 한다. 중생의 미혹에 의해 만물에 대한 차별적 의식이 생길 뿐 근본에 돌아가면 이러한 차별의식은 저절로 소멸된다. 원효 스님은 이 진여가 중생의 모든 행위의 근원이기에 근본이라 하였다. 다음 삼보의 믿음에 대한 설명으로, 부처님을 믿는 자로서의 태도는, 우선 진여의 마음을 회복한 부처가 무한한 공덕을 가지고 있다는 확신에서 항상 친절히 가까이하면서 공양을 올리고 공경하며 착한 마음씨를 일으켜 부처님처럼 지혜로워지기를 바라야 한다. 또 그의 가르침인 진리를 실천하면 큰 이익이 있다고 믿어야 한다. 그러면서 일상생활에서는 언제나 덕을 베푸는 행위인 바라밀다의 실천을 염원해야 한다. 그리고 승가samgha, 곧 부처님의 가르침을 실천하는 공동체의 구성원들은 바른 수행을 한다고 믿어야 한다. 승보는 부처님을 제외한 보살들도 이에 속한다. 그들은 자신을 지혜롭게 하기 위하여 애쓰면서 남을 이롭게 하는 사람들이다. 항상 진리를 추구하는 사람들을 가까이하고, 스스로 자기 자신의 본래 참모습을 찾으려 끊임없이 노력하는 사람들이다.

이상의 네 가지 믿음에 다섯 가지 행을 연결시켜야 그 믿음 자체가 완전해지므로 여기에 따른 구체적인 실천행을 밝히고 있다. 원효 스님은 이 대목의 주해에서 믿음만 있고 행동이 따르지 아니하면 신심이 성숙되지 못하고, 성숙되지 못한 신심은 어떤 외적인 계기에 의해 사라지는 수가 있으므로 바라밀다의 완덕完德을 실천해야만 신심이 완전해지게 된다고 하였다.

- 수행신심의 4신 ┬ 신근본
  ├ 신불유무량공덕
  ├ 신법유대이익
  └ 신증능정수행

- 수행의 5문 ┬ 보시문
  ├ 지계문
  ├ 인욕문
  ├ 정진문
  └ 지관문

87

보시와 지계를 실천하는 문

시계문 施戒門

云何修行施門가? 若見一切來求索者어든 所有財物을 隨力施與하야 以自捨慳貪하야 令彼歡喜하며 若見厄難恐怖危逼하면 隨己堪任하야 施與無畏하며 若有衆生이 來求法者어든 隨己能解하야 方便爲說호대 不應貪求名利恭敬하고 唯念自利利他하야 迴向菩提故니라. 云何修行戒門고. 所謂不殺不盜不婬하며 不兩舌不惡口不妄言不綺語하며 遠離貪嫉欺詐諂曲瞋恚邪見이니라. 若出家者인댄 爲折伏煩惱故로 亦應遠離憒鬧하고 常處寂靜하야 修習小欲知足頭陀等行하며 乃至 小罪라도 心生怖畏하야 慚愧改悔하고 不得輕於如來所制禁戒하며 當護譏嫌하야 不令衆生으로 妄起過罪故니라.

어떻게 보시하는 문을 수행하는가? 만약 누구든지 와서 무엇을 달라 하는 자를 보거든 가지고 있는 재물을 능력만큼 베풀어

아낌없는 마음으로 그를 기쁘게 해 주며, 만약 액난이나 공포에 시달리며 위험에 처해 있는 이를 보면 자기가 감당할 능력만큼 무외를 베풀어 주도록 한다. 만약 어떤 중생이 찾아와 법을 구하는 경우는 자기가 아는 정도를 따라서 방편으로 설해주되 응당히 명예나 이익, 그리고 공경을 탐하지 말고 오직 자기도 이롭게 하고 남도 이롭게 해서 보리에 회향하도록 해야 한다.

어떻게 계를 지키는 문을 수행하는가? 죽이지 않고, 훔치지 않으며, 음행하지 않으며, 이간질하는 말을 하지 않으며, 욕설하거나 거짓말하거나 사탕발림의 말을 하지 않으며, 탐욕과 질투, 사기, 아첨, 노여움, 그릇된 견해들에서 멀리 벗어나야 한다.

만약 출가자인 경우는 번뇌를 다스려 없애기 위해서는 시끄러운 곳에서 멀리 떠나 항상 조용한 데 처해서 욕망을 줄이고 만족할 줄 아는 두타 등의 행을 닦아 익히며, 조그마한 죄라도 두려워하는 마음을 가져 부끄러워하여 고치고 뉘우쳐서 여래께서 제정하신 금지해야 하는 계율을 가벼이 여기지 않고, 남들이 비방하거나 혐오하지 못하게 하여 그들로 인해 중생이 함부로 허물과 죄를 일으키지 않도록 방지해 준다.

【해설】

대승의 수행자가 실천해야 할 행동강령行動綱領에 다섯 가지가 있다. 이 다섯 가지 실천이 있어야 비로소 신심이 완성되는 것이다. 다섯 가지 강령을 모두 문이라 하였는데, 문을 열고 방에 들어가듯이 다섯 문을 통하여 대승에 들어간다는 뜻이다. 여기에서 열거한 다섯 가지는 보통 보살들의 수행지침으로 알려진 육바라밀로 선정과 지혜를 하나로 묶어 지관문이라 하였다.

시施란 보시布施의 줄임말로 원 범어는 다나^{dāna}이다. 희사喜捨라고도 번역하는데 기쁜 마음으로 남에게 은혜를 베풀어 주는 것을 말한다. "남에게 도움을 주어 이롭게 하라". 이것이 가장 우선되는 인간의 보편적 실천 덕목이다. 누군가가 나에게 찾아와 도움을 청하여 무엇을 달라 할 때에 능력대로 주고 마음에 약간이라도 인색한 욕심이 남아 있다면 그것마저도 완전히 버려서 도움을 요청한 사람의 마음을 기쁘게 해 주어야 한다. 만약 어떤 사람이 재난災難을 당했을 때나 공포를 느끼고 위험한 환경에 처했을 때 자신의 능력대로 그 사람을 구출하여 안전하게 보호해 주어야 한다. 또 진리를 구하는 사람에게는 자기가 아는 대로 방편을 써서 말해 주되 명예나 이익 또는 존경을 받고자 하는 마음이 없어야 한다. 오직 자신의 수행에 이로움이 오고 남에게도 이로움이 미치도록 하여 결국 깨달음에 이르게 하는 마음을 써야 하는 것이다.

물질적·경제적 이익을 주는 것을 재시財施라 하고, 학식이나 지적인 이해도를 높여 주는 이익을 주는 것을 법시法施라 하며, 정신적인 평화와 안전을 느끼도록 해 주는 것을 무외시無畏施라 한다. 인간에게는 누구나 이 세 가지의 보시의 혜택이 필요하지만 혜택을 받지 못하는 경우가 많다. 그것은 인간 상호간에 불신이나 미움으로 인하여 자타가 주고받는 보시의 문이 닫혀 버리고, 혜택을 주고받는 통로가 막혀 버렸기 때문이다. 보시의 문을 열고 은혜의 통로를 개통해야만 스스로도 이롭게 하고 남도 이롭게 하는 인간의 완덕完德이 성취된다.

다음 계문의 수행을 다시 말하면, 어떻게 윤리를 지킬 것인가 하는 문제에 있어서 열 가지 나쁜 업을 짓지 말아야 한다고 했다. ① 죽이지 말라. ② 도적질을 하지 말라. ③ 간음하지 말라. ④ 이간질하지 말라. ⑤ 욕설을 하지 말라. ⑥ 거짓말하지 말라. ⑦ 꼬이거나 희롱하는 말을 하지 말라. ⑧ 탐욕스러운 생각을 하지 말라. ⑨ 시기·질투·분노하지 말라. ⑩ 그릇된 주장을 내세우지 말라. 모든 윤리적 실천행의 기본자세가 바로 열 가지 악행을 피하는 데서부터 시작된다. 이는 사회 일반인들의 보편적인 윤리의식을 나타낸 말인 반면 출가수도자가 처해야 하는 특수한 환경에 대해서도 말해 놓았다.

만약 출가수도자(세속생활을 버리고 독신으로 산중에서 수도하는 자)일 경우 우선 번뇌를 없애고 마음을 고요히 가라앉히기 위해 시끄러운 곳을 떠나 고요한 곳에 처하여 욕심을 줄이고 적은 것에 만족할 줄 아는 습관을 길러 금욕禁慾 고행 등을 익혀야 한다. 아주 가벼운 죄를 짓더라도 두려운 마음을 내고 뉘우쳐 고치며, 여래가 제정한 금계禁戒를 가벼이 여기지 않고 남의 비방을 받지 않도록 몸가짐을 잘 단속해서 중생들이 함부로 잘못을 범하는 경우가 발생하지 않도록 미연에 방지해야 한다.

88

인욕과 정진을 수행하는 문

인진문 忍進門

云何修行忍門고. 所謂應忍他人之惱하야 心不懷報하며 亦當忍於利衰毀譽稱譏苦樂等法故니라. 云何修行進門고. 所謂於諸善事에 心不懈退하고 立志堅強하야 遠離怯弱하며 當念過去久遠已來로 虛受一切身心大苦하야 無有利益일새 是故로 應勤修諸功德하야 自利利他하야 速離衆苦호리라 하라. 復次若人이 雖修行信心이나 以從先世來로 多有重罪惡業障故로 爲邪魔諸鬼之所惱亂하며 或爲世間事務의 種種牽纏하며 或爲病苦所惱하나니 有如是等衆多障礙할새 是故로 應當勇猛精勤호대 晝夜六時에 禮拜諸佛하야 誠心으로 懺悔하며 勸請隨喜하야 迴向菩提호대 常不休廢하야사 得免諸障하고 善根增長故니라.

어떻게 인욕의 문을 수행하는가? 남이 주는 고뇌를 잘 참아서 보복할 마음을 품지 않으며 또한 이로운 일, 손해되는 일, 훼손되는 일, 명예로운 일, 칭찬받는 일, 비방당하는 일, 괴로운 일, 즐거운 일 등의 법을 마땅히 참아낸다.

어떻게 정진의 문을 수행하는가? 좋은 일에 마음을 게을리하여 물러서지 말고, 뜻을 굳건히 세워 비겁해지거나 나약해지지 않으며 마땅히 과거 오랜 옛적부터 온갖 몸과 마음의 큰 고통을 헛되이 받아 아무런 이익이 없었다는 것을 생각하여 부지런히 온갖 공덕을 닦아서 이롭게 하고 남도 이롭게 해서 뭇 고통에서 온전히 벗어나도록 한다.

또 만약 어떤 사람이 비록 신심을 수행하나 앞선 세상으로부터의 무거운 죄악의 업장이 많아 사도나 마군의 시달림을 받거나, 혹은 세속적인 사무의 갖가지 일에 얽매이기도 하며, 혹은 병고에 시달리는 수도 있다. 이러한 많은 장애가 있으므로 응당 용맹스럽게 부지런히 정진하되, 밤낮으로 시간에 맞춰 부처님께 예배하여 정성스러운 마음으로 참회하며, 부처님을 청하여 기뻐하며 보리에 회향하려는 마음으로 항상 쉬지 않고 하면, 모든 장애를 면하여 선근을 키워 나갈 수 있다.

【해설】

인문忍門의 수행은 남에게 당하는 괴로움을 먼저 참을 줄 알아야 한다고 했다. 사바세계를 감인토堪忍土라고 번역하듯이 중생의 세계는 자신의 밖으로부터 오는 고통을 견디고, 참으면서, 살아가는 곳이다. 인욕을 할 수 있는 정신은 남에 대한 관대함으로 용서와 화해를 잘할 수 있는 인간관계에 있어 평화의 공간을 더욱 넓게 마련해 가는 것이다. "인내는 쓰다. 그러나 그 열매는 달다"는 격언처럼 역경을 참을 수 있는 것은 어떤 성공을 기약하고 좋은 결과를 가져올 수 있는 힘이 있다는 것이다. 어떻게 참고 용서하는가? 실제의 구체적인 예를 제시하였다. 복수하려는 생각을 품지 말며, 또 자신을 이롭게 하거나 해롭게 하거나, 헐뜯거나 칭찬하거나, 괴로움을 주거나 즐거움을 주더라도 이러한 모든 일에 마음이 동요됨 없이 안정되어 있어야만 한다고 하였다. 이른바 팔풍八風이라고 하는 이利·쇠衰·훼毀·예譽·칭稱·기譏·고苦·락樂에 흔들림이 없는 것이 인문을 닦는 기본자세라고 한다. 바람이 불면 나뭇가지가 흔들리듯이 사람의 마음이 이러한 외부의 자극에 쉽게 흔들려 버리는 속성을 범부들은 가지고 있다.

본래 인忍은 범어 kṣānti를 음역하여 찬제羼提라 하는데 '참는다'는 뜻과 '용서한다'는 뜻이 함께 들어 있는 말이다. 또 화엄학에서는 인가認可의 뜻으로 쓰이는 경우도 있다. 이 인을 셋으로 구분하여 말하는 삼인설三忍說이 있는데, 나를 원망하고 해친 자들의 악행을 참고 용서해 주는 내원해인耐怨害忍과 남의 고통을 기꺼이 스스로 받아들이는 안수고인安受苦忍, 모든 일에 대해 희로애락喜怒哀樂을 초월하여 마음의 동요됨이 없이 사물의 본성을 관찰하여 그것은 평등하여 둘이 없다는 이치를 깨닫는 제찰법인諦察法忍이다.

다음 진문進門의 수행에 대해서 밝혔다. 진문이란 육바라밀의 정진精進이다. 부지런히 애써 노력한다는 뜻으로 범어 vīrya를 번역한 말이다. 좋은 일과 착한 일에 있어서 마음에 게으름을 먹거나 용기를 잃지 말고 뜻을 굳게 세워 비겁하거나 나약함이 없이 임해야 한다. 과거 구원久遠한 오랜 옛적부터 헛되이 몸과 마음에 수많은 고통을 받아온 것을 생각하며 스스로 분발하여 부지런히 모든 공덕을 닦고 자신과 남을 동시에 이롭게 하여 속히 온갖 고통에서 벗어나도록 해야 한다. 그러나 이러한 정진에 장애가 있는 경우가 있다. 그러한 경우를 대비하여 극복하는 방법을 서술하였다. 지난 세상 숙세로부터 무거운 죄와 나쁜 업의 장애 때문에 사악한 마귀의 괴롭힘을 당하거나 세상의 잡무에 얽매이며 병으로 괴로워하는 등 많은 장애가 생기는 수가 있다. 이러한 장애에 걸리지 않기 위해서는 용맹정진을 가하고, 밤낮으로 시간을 맞춰 부처님께 예배하여 성심으로 참회하고, 미망迷妄에서 벗어나 깨우쳐 줄 것을 청하며, 기꺼이 깨달음을 향한 노력을 쉬지 않고 해 나가야만 하는 것이다. 부처님께 예배하고 참회하는 것은 수도상의 모든 장애를 제거하는 일반적인 원칙이다. 참회는 모든 악업장을 소멸하는 것이고, 권청은 정법을 비방한 죄를 소멸하는 것이다. 그리고 수희는 남이 나보다 나은 데 대하여 시기하고 질투한 죄를 제거하며, 회향은 중생의 세계인 삼유三有에 즐겨 집착하는 것을 대치하기 위해서다.

89

지관을 수행하는 문

지관문 止觀門

云何修行止觀門고. 所言止者는 謂止一切境界相이니 隨順奢摩他觀義故요. 所言觀者는 謂分別因緣生滅相이니 隨順毗鉢舍那觀義故니라. 云何隨順고. 以此二義로 漸漸修習하야 不相捨離하면 雙現前故니라.

어떻게 지관문을 수행하는가? 지止란 일체 경계의 모습을 그치는 것이다. 이는 사마타관을 따른다는 뜻이다. 관이란 인연이 생기고 소멸하는 모습을 분별하는 것이다. 이는 위빠사나관을 따른다는 뜻이다. 어떻게 따르는가? 이 두 종류의 뜻으로 점점 닦아 익혀 서로 떨어지지 않게 하면 둘 다 함께 나타나게 된다.

【해설】

오문五門 가운데 지관문의 설명이 시작된다. 마음의 산란을 막고 맑고 고요함에 안주되는 마음을 유지하기 위해서는 모든 경계를 쉬어야 한다. 경계를 쉰다는 것은 객관 경계를 두고 그릇된 대상의 설정을 멈추어 버린다는 의미이다. 범어의 사마타^{samatha}를 번역하여 지止라 한다. 바람이 그치면 파도가 멈추는 것처럼 경계의 반연이 끊어지는 것이 지이다. 관觀이란 인연이 생멸하는 것을 분별하는 것이라 했는데 일체 사물에 대한 고요한 관찰이다. 번뇌를 야기하는 바깥 경계의 모든 대상은 결국 분별로 말미암아 나타나는 것이므로, 지혜로써 그와 같은 바깥 경계의 다양한 번뇌의 모습들이 소멸해 버리면 번뇌의 모습들이 없어지고 분별하는 대상이 없어지게 된다. 곧 무분별이 되므로 '지'라 하는 것이며, 생멸문에 의해서 사물의 모습들을 관찰하므로 분별생멸상이라 하며, 이를 '관'이라 하는 것이다. vipaśyanā를 비바사나毘婆舍那로 음사해 표현하는데 이것은 생멸문 쪽에서 후득지後得智를 얻어내는 것이다. 진여문에서 모든 경계의 상을 그쳐 분별하는 바가 없는 데서 무분별지無分別智가 이루어진다. 주로 선 수행에서 말하는 정혜定慧가 지관止觀의 의미를 새롭게 표현한 것이라 할 수 있다.

90

고요한 곳에서 지를 닦는 방법

정경수지방법 靜境修止方法

若修止者는 住於靜處하야 端坐正意하고 不依氣息하며 不依形色하며 不依於空하며 不依地水火風하며 乃至不依見聞覺知하고 一切諸想을 隨念皆除하되 亦遣除想이니 以一切法이 本來無相이라. 念念不生하며 念念不滅이니라. 亦不得隨心하야 外念境界 後에 以心除心이니 心若馳散커든 卽當攝來하야, 住於正念이니라. 是正念者는 當知唯心이요, 無外境界니 卽復此心이 亦無自相하야 念念不可得이니라.

만약 '지'를 닦는 사람은 고요한 곳에 머물러 단정히 앉아 뜻을 바로하고 숨 쉬는 호흡을 의지하지 말며, 형색을 의지하지 말며, 공을 의지하지 말며, 지수화풍을 의지하지 말며, 나아가 보고 듣고 느껴 아는 감각을 의지하지 말고, 일체의 모든 생각을 생각대로 다 제거하되 제거한다는 생각마저도 없앨 것이니, 일체 법이 본래 모양이 없는 것이다. 찰나찰나에 생기지도 않으며 찰나찰나에 소멸되지도 않는다. 또한 마음대로 바깥 경계를 생각하다가 나중에 마음으로써 마음을 제거하려 하지도 말아야 한다. 만약 마음이 산만하게 흩어지면 곧 한곳으로 모아 바른 생각에 머물게 해야만 한다. 이 바른 생각은 오직 마음뿐이어서 찰나찰나에도 얻을 수는 없느니라.

【해설】

지止를 닦는 방법에 대해 좀 더 구체적으로 설명하고 있다. 기식氣息을 의지하지 말라는 지적은 숨을 들이쉬고 내쉬는 것을 헤아리는 수식관數息觀을 의지하지 말라는 뜻이며, 형색에 의지하지 말라는 것은 살아 있는 육신을 죽은 해골이나 백골처럼 더러운 대상으로 보는 백골관白骨觀 등을 의지하여 '지'를 닦지 말라는 뜻이다. 또 공空이니 지地·수水·화火·풍風이니 하는 것은 소승 수행자들이 선정을 닦을 때 빠지는 관념 등으로 이러한 류들에 의지해서 묵상을 하지 말라는 것이다. 지를 닦을 때 주의해야 할 것은 더 많다. 매 생각마다 모든 망상을 다 제거하고, 제거한다는 의식이 앞서 일어나면 제거한다는 생각이 관념을 이루어 선정을 방해하게 되니, 이 생각마저 버려야만 한다. 또 바깥 경계에 집착하여 마음을 일으켰다가 다시 그 마음을 없애겠다는 생각으로 마음이 생겼다 없어졌다 하는 상태가 되게 해서도 안 된다.

91

달리 지를 닦는 방편

여연수지방편 餘緣修止方便

若從坐起하야 去來進止에 有所施作이어든 於一切時에 常念方
便하고 隨順觀察하야 久習淳熟하면 其心이 得住하리니, 以心住
故로 漸漸猛利하야 隨順得入眞如三昧하야 深伏煩惱하고 信
心增長하야 速成不退어니와 唯除疑惑 不信誹謗 重罪業障
我慢懈怠니 如是等人의 所不能入이니라.

만약 자리에서 앉았다 일어나서 가거나 오고 나아가고 멈추면
서 할 일이 있을 적에는 언제든지 항상 방편을 생각하고, 되는 대
로 관찰해서 오래 익혀 자연스럽게 익숙해지면[淳熟(순숙)] 마음이
모아지게 된다. 마음이 모아지면 점점 맹렬하고 예리해져서 그대
로 진여삼매에 들어가 번뇌를 깊이 조복하고 신심이 더욱더 커져
서 속히 물러나지 않는 상태가 된다. 오직 의심하여 믿지 않거나
비방하여 무거운 죄업장이 있는 사람이나 아만이 많고 게으른 사

람들은 제외되니, 이러한 사람들은 능히 들어갈 수가 없다.

【해설】

지止를 닦는 중에 혹 가고 오는 여러 가지 일이 생길 경우, 어
느 때나 그것이 모두 마음을 닦는 좋은 계기의 방편이 되는 줄 알
고 잘 관찰하여 오래 익히면 마음이 한곳에 머무는 선정을 이룰
수 있다. 그렇게 되면 점점 총명해져서 진여삼매의 경지에 들어가
서 번뇌를 누르고 신심이 늘어나 참된 인간성을 회복하여 공부에
대한 정진력이 나약해지거나 허물어지는 일이 없게 된다. 그러나
의혹을 가지고 있으면서 믿지 않거나 정법을 비방하여 죄업이 무
겁거나 혹은 아만에 찬 무리들은 진여삼매에 들어가는 자격을 얻
지 못한다고 충고한다.

92

삼매 중에 일어나는 마군의 일

삼매와 마사 三昧와 魔事

復次依是三昧故로 則知法界一相이니 謂一切諸佛法身이 與
衆生身으로 平等無二일새, 即名一行三昧니라. 當知眞如는 是
三昧의 根本이니 若人이 修行하면 漸漸能生無量三昧하리라. 或
有衆生이 無善根力하면 則爲諸魔와 外道鬼神之所惑亂하리니
若於坐中에 現形恐怖어나 或現端正男女等相이어든 當念唯心
하면 境界則滅하야 終不爲惱하리라.

   삼매에 의해서 법계가 모두 하나라는 것을 알 수 있다. 말하자
면 일체 모든 부처님의 법신이 중생들의 몸과 평등하여 둘이 없
는 경지이다. 이를 일행삼매라고 한다. 진여가 바로 이 삼매의 근
본이다. 만약 어떤 사람이 진여를 닦으면 점점 한량없는 삼매가
생긴다. 그러나 혹 어떤 중생이 선근의 힘이 없으면 마군과 외도
귀신들의 어지럽힘을 당하는 수가 있다. 앉아 있는 가운데 무서

운 형상이 나타나거나 혹 잘생긴 남녀의 모습이 나타나는 수가
있으니, 이럴 때는 오직 마음에서 나타난 것이라고 생각하면 나타
났던 경계가 곧 없어지고, 더 이상 시달림을 당하지 않게 된다.

【해설】

삼매 속에서는 일체 분별이 사라지므로 이 세상 모든 것이 진
여의 본래 모습 그대로이다. 따라서 근본의 본체에 돌아가면 둘로
차별되지 않는 하나의 모습일 뿐이다. 부처도 중생도 동일할 뿐이
다. 그런데 이 삼매 속에 가끔 마귀나 외도 귀신들로부터 시달림
을 받는 수가 있다. 대개 선근이 부족한 사람들에게 나타나는 현
상인데 괴물과 같은 모습이 나타나 공포에 질리게 하거나 잘생긴
남자와 여자의 모습이 나타나 유혹하는 수도 있다. 이럴 때는 다
만 마음에서 일어난 환영幻影이라 생각하고 동요되지 않으면 그
러한 경계들은 곧 사라지게 된다고 하였다.

93

마군의 일을 널리 예시하다

광거마사廣擧魔事

或現天像 菩薩像하며 亦作如來像이 相好具足하야 或說陀羅尼하며 或說布施 持戒 忍辱 精進 禪定 智慧하며 或說平等空 無相 無願 無怨 無親 無因 無果 畢竟空寂이 是眞涅槃이라 하며, 或令人으로 知宿命過去之事하며 亦知未來之事하며 得他心智하며 辯才無礙하며, 能令衆生으로 貪著世間名利之事하며 又令使人으로 數瞋數喜하야 性無常準하며 或多慈愛하며 多睡多病하야 其心懈怠하며 或卒起精進이라가 後便休廢하며 生於不信하야 多疑多慮하며 或捨本勝行하고 更修雜業하며 若著世事하야 種種牽纏하며 亦能使人으로 得諸三昧하야 少分相似하나니, 皆是外道의 所得이라 非眞三昧니라. 或復令人으로 若一日 若二日 若三日 乃至 七日히 住於定中하며 得自然香美飮食하고 身心適悅하야 不飢不渴하야 使人愛著케하며 或亦令人으로 食無分齊하야 乍多乍少하야 顏色이 變異하나니 以是義

故로 行者는 常應智慧觀察하야 勿令此心으로 墮於邪網하고 當勤正念하야 不取不著하면 則能遠離是諸業障하리라.

　혹 천상 사람의 모습이나 보살의 모습이 나타나는 수가 있으며 상호를 갖춘 여래의 모습이 나타나는 수도 있다. 다라니를 설하기도 하고, 혹은 보시·지계·인욕·정진·선정·지혜를 설하기도 한다. 혹은 말하기를 평등이니, 공이니, 상이 없는 것이니, 원이 없는 것이니, 원한이 없는 것이니, 친함도 없는 것이니, 인과도 없는 것이니 등등을 말하면서 끝까지 공하여 공한 것이 참된 열반이라 하며, 혹은 사람으로 하여금 숙세 과거의 일을 알게 하며, 또한 미래의 일을 알게 하며, 다른 사람의 마음을 아는 지혜를 얻어 변재가 유창하여 걸림이 없으며, 능히 중생들로 하여금 세간의 명예와 이익 되는 일에 탐착하게 한다.

　또 사람으로 하여금 자주 화를 내다가 자주 웃게 해 성격을 종잡을 수 없게 하며, 혹은 자애심이 지나치게 많으며, 잠이 많고 병이 많아서 마음이 게으르며, 혹 별안간 정진할 마음을 일으키다가 나중에 갑자기 미루거나 그만두며, 믿지 않는 마음을 내어 의심이 많고 염려가 많으며, 혹은 본래의 수행을 하지 않고 다시 잡된 일을 하며 세상의 일에 집착하여 여러 가지로 얽매이게 한다.

　또 능히 사람으로 하여금 이런저런 삼매를 얻게 해 조금 그럴듯하게 하는 경우도 있다. 그렇지만 이것은 외도들이 얻는 삼매이고 진실한 삼매가 아니다. 혹 다시 사람으로 하여금 하루나 이틀,

사흘, 일주일이 되도록 선정 가운데 머물게 해서 저절로 좋은 음식을 얻게 하며, 몸과 마음이 즐거워서 배가 고프거나 목이 마르지도 않게 해 사람들로 하여금 좋아하도록 하며, 또는 사람으로 하여금 밥의 양을 조절하지 못하게 해 많이 먹다가 조금 먹게 하며, 얼굴빛이 달라지게 한다. 이러므로 수행자는 항상 지혜로 관찰해서 이 마음이 사법의 그물에 떨어지지 않게 하고, 부지런히 생각을 바르게 하여 취하지도 않고 집착하지 아니하면, 이러한 여러 업장에서 멀리 벗어나게 된다.

【해설】

다시 선정을 닦는 중에 나타나는 여러 가지 마경魔境을 설해 놓았다. 천인의 모습이나 보살의 모습, 나아가 부처님의 거룩한 모습으로도 나타나는 수가 있다. 이러한 모습들이 나타나 그럴듯한 법을 설한다. 육바라밀을 설하고 혹은 평등하고, 텅 비고, 겉으로 나타나는 모양도 없으며, 원할 것도 없고, 원망할 것도 없으며, 인과의 이치마저 벗으나 절대적으로 비워 고요하기만 한 것, 그것이 바로 참된 열반이라 설하는 진짜 같은 그럴듯한 사이비성 장면이 나타나는 수가 있다고 한다. 또 지나간 옛일이나 미래의 일을 알며, 남의 마음을 알기도 하며, 변재가 자유자재하고 그러한 것으로 세상의 명예나 이익을 얻으려 하며, 사람들을 화를 내다가 금방 웃게 하는 등 성격이 괴팍스러우며 무절제한 생활을 마구잡이식으로 하는 경우도 있다. 그런가 하면 인정이 너무 많거나 잠이 너무 많으며, 병이 자주 나며 그 마음이 게으르고, 혹은 갑자기 정진을 시작하다가 이내 그만두고 신심을 잃어버려 의심과 걱정에 빠지는 수가 있다. 또 수행을 잘 해 오다가 그것을 버리고 잡된 일을 시작하여 세속적인 일에 집착하게 되어 여러 가지 일에 얽매여 삼매를 잃는 경우도 있다. 이와 같은 모든 현상은 참된 삼매가 아닌 경우이다.

이러한 경계들이 나타날 때 바른 생각을 가져 유혹에 이끌려 수행을 그르치게 되는 경우가 생기지 않도록 유의해야만 한다.

94

바른 선정을 닦기를 권하다

권수정정 勸修正定

應知外道의 所有三昧는 皆不離見愛我慢之心이니 貪著世間
名利恭敬故요. 眞如三昧者는 不住見相하고 不住得相하며 乃
至出定에도 亦無懈慢하야 所有煩惱 漸漸微薄하니 若諸凡夫
不習此三昧法하고 得入如來種性이 無有是處나라. 以修世間
諸禪三昧호대 多起味著하야 依於我見하야 繫屬三界하면 與外
道로 共이니 若離善知識所護하면 則起外道見故나라.

외도들의 선정은 모두 자아에 대한 고집과 애착으로 인한 아만
의 마음을 버리지 못한 것인 줄 알아야 한다. 그것은 세간의 명예
와 이익 그리고 남으로부터 공경받고자 하는 일에 탐착하게 한다.
　진여삼매는 보았다는 관념에 머물지 않고, 얻었다는 관념에 머
물지 않는다. 그리고 선정에서 나와서도 결코 게으름과 아만이 없
으며 번뇌가 점점 엷어진다. 만약 범부들이 이 삼매를 익히지 아

니하고 여래의 종자성품에 들어간다는 것은 있을 수 없다. 세간의 이런저런 선정의 삼매를 닦으면서 흔히 맛들인 데 집착해 '나'라는 자아 관념을 의지해 삼계에 묶어 버리면 외도와 같아진다. 만약 선지식의 지도가 없다면 외도의 견해를 쉽게 일으키게 된다.

【해설】

　삼매에도 외도의 삼매가 있다. 자기중심적인 집착과 아만을 여의지 못하고 세상의 명예와 이익을 바라며 남으로부터 존경을 받고자 하는 그릇된 생각이 남아 있으면, 이는 모두 외도의 삼매라 진정한 삼매가 아닌 것이다. 진여를 근본으로 하는 참된 삼매는 어떤 고집에도 물들지 않으며 특별한 관념에 사로잡힌 의도적 목표도 없다. 어떤 경계를 보았다거나 어떤 경지를 얻었다거나 하는 관념의 고집에 머물지도 않는다. 앉았다 일어나 움직이는 행동을 할 때에도 해이해지거나 태만에 빠지지도 않는다. 번뇌도 점점 줄어들며 적어지게 된다. 이 진여삼매라야 여래종성에 들어갈 수 있는 것이다. 세상의 그릇된 삼매에 맛들여 '나'라는 생각을 갖고 세상에 매여 소속되어 버리면 외도가 하는 짓과 같은 것이니, 만약 선지식의 도움과 지도를 받지 않으면 외도와 같은 잘못된 생각을 일으키기가 쉽다.

95

지를 닦는 공덕

수지공덕 修止功德

復次 精勤하야 專心修學此三昧者는 現世에 當得十種利益하
나니 云何爲十고. 一者는 常爲十方諸佛菩薩之所護念이요, 二
者는 不爲諸魔惡鬼의 所能恐怖요, 三者는 不爲九十五種外
道鬼神之所惑亂이요, 四者는 遠離誹謗甚深之法하야 重罪業
障이 漸漸微薄이요, 五者는 滅一切疑와 諸惡覺觀이요, 六者는
於如來境界에 信得增長이요, 七者는 遠離憂悔하야 於生死中
에 勇猛不怯이요, 八者는 其心이 柔和하고 捨於憍慢하야 不爲
他人所惱요, 九者는 雖未得定이나 於一切時 一切境界處에
則能減損煩惱하야 不樂世間이요, 十者는 若得三昧하면 不爲
外緣 一切音聲之所驚動이니라.

또 부지런히 마음을 다해 오로지 이 삼매를 닦아 배우는 자는
현세에 10가지 이익을 얻게 된다.

1. 항상 시방에 있는 불보살의 보호를 받는다.

2. 모든 마군과 악귀들을 무서워하지 않게 된다.

3. 95종 외도와 귀신들의 시달림을 받지 않는다.

4. 심오한 법을 비방하지 않게 되어 무거운 죄의 업장이 점점 엷어진다.

5. 일체 의심과 나쁜 관념들이 사라지게 된다.

6. 부처님의 경계에 대해 믿음이 더욱 커진다.

7. 근심과 후회 없이 생사 속에서 겁을 내지 않고 용감해진다.

8. 마음이 부드럽고 온화하여 교만이 없어 남의 괴롭힘을 받지 않는다.

9. 비록 선정을 얻지 못하더라도 어느 때 어떤 상황 속에서도 번뇌를 줄여 세속적인 것을 좋아하지 않는다.

10. 만약 삼매를 얻으면 외부에서 오는 온갖 소리에 놀라 동요되는 경우가 없다.

【해설】

진여삼매를 닦아 얻는 열 가지 이익을 밝혔다. 그 이익이 열 가지에만 그치는 것이 아니지만 이해를 돕기 위해 삼매의 공덕을 간략히 언급하고 있다.

1. 언제 어디서나 불보살의 보호를 받는다.

2. 마귀의 농간에 걸리지 않는다.

3. 갖가지 외도, 곧 이단사상가異端思想家에 현혹되지 않고 귀신들도 유혹하여 괴롭히지 못한다.

4. 심오한 진리를 다시는 비방하지 않으며 또 과거에 비방한 죄가 있다면 그것으로 인한 장애가 점점 줄어들고 적어진다.

5. 모든 의심과 잘못된 관념이 없어진다.

6. 여래의 경계, 곧 참된 인간의 본연의 모습에 대한 믿음이 커지고 늘어난다.

7. 근심 걱정을 멀리하여 현실생활 속에서 용기가 솟아나고 비겁함이 없어진다.

8. 마음이 온화하고 부드러우며 교만도 없고 남에게 시달리는 일이 없다.

9. 완전한 선정을 이루지 못했더라도 언제 어디서나 번뇌가 줄어들어 세속적 쾌락을 즐기지 않는다.

10. 밖으로부터 오는 충격에 놀라 동요되는 일이 없다.

96

무상관을 닦기를 권하다

수관방편 권수무상관 修觀方便 勸修無常觀

復次若人이 唯修於止하면 則心沈沒하야 或起懈怠하며 不樂衆
善하야 遠離大悲하나니 是故로 修觀이니라. 修習觀者는 當觀一
切世間有爲之法이 無得久停하야 須臾變壞하며 一切心行이
念念生減할새 以是故苦라 하며 應觀過去所念諸法이 恍惚如
夢이라 하며 應觀現在所念諸法이 猶如電光이라 하며 應觀未來
所念諸法이 猶如於雲하야 忽爾而起라 하며 應觀世間一切有
身이 悉皆不淨하야 種種穢汙라. 無一可樂이라 호리라.

　사람이 만약 지止만 닦으면 마음이 가라앉기만 해서 혹 해이하
고 나태해져 선행을 좋아하지 아니하고 대비를 멀리하게 된다. 이
렇기 때문에 관觀을 닦아야 한다. 관을 닦는 자는 마땅히 일체
세간의 인연에 의해 일어나는 법이 오래 머무르지 않고 잠깐 사
이에 변해 없어지며 일체의 마음의 움직임이 찰나찰나에 소멸하

기에 괴로운 것이라고 보며, 과거에 생각하던 모든 것들도 황홀하여 마치 간밤의 꿈으로 보며, 현재 생각하는 모든 것들도 마치 번갯불과 같은 줄로 보며, 미래에 생각하는 모든 것들도 마치 구름과 같아서 홀연히 일어나는 것이라 보며, 세간에 있는 일체 몸뚱이들이 모두 깨끗하지 못해서 갖가지 더러움에 물든 것으로 즐길만한 게 하나도 없다고 보아야만 한다.

【해설】

지止 ̇samatha와 관觀vipaśyanā을 함께 닦아야 한다는 것을 강조하면서 관을 닦는 방법을 제시하였다. 지만 닦으면 마음이 가라앉아 게을러지고 착한 일을 하는 것을 좋아하지 않고 대비의 이타행을 등한시하는 폐단이 생긴다. 그러므로 관을 닦아야 하는데, 먼저 인연에 의해서 일어나는 세상의 모든 일들(유위법)은 하나도 영구불변한 것이 없으며, 쉬지 않고 생성파괴의 과정을 겪고 있는 것이라고 관찰한다. 이를 무상관無常觀이라 한다. 다음, 마음속에서 일어나는 모든 정신적 행위도 순간에 생겨났다 없어지는 것으로 그것이 모두 괴로움에 불과하다고 관하는 고관苦觀이 있다. 또 과거·현재·미래의 삼세에 걸쳐 생각하는 모든 사념은 어느 것 하나 절대적 자주성을 지닌 실체가 없는 것이며[無我(무아)], 과거의 것은 꿈과 같고 현재의 것은 번개와 같고 미래의 것은 구름과 같아 별안간 나타나는 것이라고 관하는 무아관無我觀이 있다. 끝으로 세상의 육체적 존재는 모두가 깨끗하지 못한 것으로 온갖 종류로 더럽혀져 있는 것이라 하나도 즐길 만한 것이 못 된다고 관찰하는 부정관不淨觀이 있다. 이 네 가지 관은 현실세계의 실상에 대한 기본적인 관법을 말하는 것으로 이를 법상관法相觀이라 한다. 이 법상관을 통한 윤리적 실천을 위한 다음 단계의 관을 대비관大悲觀이라 한다.

97

다른 삼관을 닦기를 권하다

권수여삼관 勸修餘三觀

如是當念호대 一切衆生이 從無始世來로 皆因無明의 所熏習
故로 令心生滅하야 已受一切身心大苦하고 現在에 卽有無量
逼迫하며 未來所苦도 亦無分齊하야 難捨難離어늘 而不覺知
하니 衆生이 如是 甚爲可愍이라 하라. 作此思惟하고는 卽應勇猛
立大誓願호대 願令我心으로 離分別故로 徧於十方하야 修行一
切諸善功德하고 盡其未來토록 以無量方便으로 救拔一切苦
惱衆生하야 令得涅槃第一義樂케 호리라 하라. 以起如是願故로
於一切時 一切處에 所有衆善을 隨己堪能하야 不捨修學하야
心無懈怠호대 唯除坐時에 專念於止오. 若餘一切에는 悉當觀
察應作不應作이니라.

관을 닦는 사람은 마땅히 이렇게 생각해야 한다. 일체 중생이
시작을 알 수 없는 세상부터 모두 무명의 훈습으로 인해 마음이

생멸해서 이미 일체 몸과 마음의 큰 고통을 받았고 현재에도 한량없는 핍박이 있으며 미래의 괴로움도 또한 한정이 없어서 버리기도 벗어나기도 어렵거늘 그것을 깨닫지 못하니 중생들이 이처럼 매우 불쌍하다 하라. 이렇게 생각하고는 곧 용기 있게 큰 서원을 세워서 내 마음 분별을 여의고 시방에 두루 미쳐 일체 모든 착한 공덕을 닦아 미래 겁이 다하도록 한량없는 방편으로써 일체 고뇌 중생을 구원해 열반의 가장 으뜸가는 즐거움을 얻게 하리라 하라. 이와 같은 원을 일으켜 어느 때 어디서든지 온갖 선을 자기 능력을 따라 버리지 말고 닦아서 마음에 게으름이 없이 해 나가야 한다. 오직 앉아 지止에 전념할 때를 제외하고 나머지 언제 어디서나 모든 일에 응당히 해야 할 일과 하지 말아야 할 일을 살펴야 한다.

【해설】

중생에 대한 대비관大悲觀을 쓰는 내용이다. 먼저 중생들의 딱한 처지를 안타깝게 여긴다. 무명의 훈습 때문에 마음의 동요를 일으켜 정신적으로나 육체적으로나 온갖 고통을 받게끔 되었고, 지금도 계속해서 한없는 핍박을 받고 있으며, 나아가 앞으로도 받아야 할 고통이 일정한 선까지 정해져 있는 것이 아니다. 이것은 실로 버리기 힘들며 벗어나기 힘들지만 중생들은 이를 알지 못하고 있다. 때문에 중생들은 매우 불쌍한 존재이다. 이렇게 생각하고 마음에 차별적인 대립의식을 버리고 용기를 내어 큰 서원을 세워 중생에게 열반의 즐거움을 얻게 해 주겠다고 다짐하는 것이다. 그러므로 언제 어디서든지 착하고 좋은 일을 다 하며 모든 고통의 극복과 평화의 성취를 실현하고자 대외적 봉사를 사양하지 않고, 지止에 전념하는 시간을 제외하고는 늘 깨어 있는 마음으로 항상 무엇을 해야 할 것인가를 잘 인지하여 해야 될 일과 하지 말아야 될 일을 명확히 판단해야만 하는 것이다.

98

지와 관을 닦았을 때 얻는 이익

원수지관지득 圓修止觀之得

若行若住 若臥若起에 皆應止觀을 俱行이니 所謂雖念諸法이 自性不生이나 而復卽念因緣和合하는 善惡之業과 苦樂等報가 不失不壞하며 雖念因緣善惡業報나 而亦卽念性不可得이니라. 若修止者는 對治凡夫의 住著世間하고 能捨二乘의 怯弱之見이요. 若修觀者는 對治二乘이 不起大悲하는 狹劣心過하고 遠離凡夫의 不修善根이니 以此義故로 是止觀二門이 共相助成하야 不相捨離하여야 하나니 若止觀이 不具하면 則無能入菩提之道하리라.

걷거나 멈추거나 눕거나 일어날 적에 모두 지와 관을 함께 행해야 한다. 이른바 모든 법의 자성이 생기는 것이 아니라고 생각하면서도 다시 곧 인연으로 화합하는 선악의 업과 고락 등의 과보가 상실되거나 부서지지 않는다는 것을 생각하고, 비록 인연의 선악 업보를 생각하지만 또한 그 자성은 찾을 수 없다는 것을 생각해야 한다. 만약 '지'를 닦는 자는 범부들의 세속적 환경에 머물기 좋아하는 것을 대치하고 능히 이승二乘(성문, 연각)들의 겁내고 나약한 소견을 버리게 된다. 만약 '관'을 닦는 자는 이승들이 대비심을 일으키지 않는 협소하고 못난 마음의 허물을 대치하고 범부들이 선근을 닦지 않는 것에서 멀리 벗어나게 된다. 이러한 뜻에서 '지'와 '관'의 문이 함께 상호보완적인 역할로 서로 맞물려 작용해야만 한다. 만약 '지'와 '관'이 함께 갖추어지지 않으면 깨달음의 길에 들어갈 수 없다.

【해설】

'지'와 '관'을 함께 닦아야 함을 강조하고 있다. 모든 객관적 사물은 본래 그 사물이 지니는 고유한 특성이 있는 것이 아니다. 이러한 이치를 잘 생각하여 그릇된 소견을 가지지 않아야 한다. 하지만 좋은 일을 하면 좋은 결과가, 나쁜 일을 하면 나쁜 결과가 온다는 인과응보因果應報의 도리를 망각하지도 않아야 한다. 반면에 그러한 선악의 인과법칙을 잘 인지하지만 그렇다고 선이나 악이 영구불변의 고유성이 있는 것이 아니라는 사실도 알아야 한다. '지'를 실천할 때는 세속적 집착의 어리석음을 고쳐야 하고 동시에 소승의 수행자들이 세상을 도피하고 세속적 환경에 능동적으로 대처하지 못하는 나약한 소견을 가져서도 안 된다. 한편 '관'을 실천할 때는 원력이 부족한 소승들의 편협하고 열등한 생각들을 극복해야 하는 것이다. 결국 지와 관은 이택麗澤*의 관계 속에서 하나가 될 수 있다. 따라서 '지'의 약점을 '관'에서 보충하고, '관'의 약점을 '지'에서 보충하여 상호소통이 원만한 지관이 이루어져야 깨달음의 길에 들어갈 수 있게 된다.

* 麗澤은 친구끼리 서로 도와 학문과 덕행을 닦는 것을 말하는데, 이때의 독음은 '여택'이 아니라 '이택'이다. '麗'가 '붙어 있다'는 의미로 여기에서는 '이'로 읽힌다.

99

달리 방편을 보이다

별시방편 別示方便

復次衆生이 初學是法하야 欲求正信이나 其心이 怯弱한 이는 以
住於此娑婆世界할새 自畏不能常値諸佛하야 親承供養하며 懼
謂信心을 難可成就로다 하야 意欲退者는 當知如來有勝方便하
사 攝護信心하시나니 謂以專意念佛因緣으로 隨願得生他方佛
土하야 常見於佛하야 永離惡道니라. 如脩多羅에 說호대 若人이 專
念西方極樂世界阿彌陀佛하야 所修善根으로 迴向願求生彼
世界하면 卽得往生하리라 하시니라. 常見佛故로 終無有退어니와 若
觀彼佛眞如法身하야 常勤修習하면 畢竟得生하야 住正定故니라.

또 중생이 처음 이 법을 배워서 바른 믿음을 찾고자 하나 겁이
많고 마음이 약한 이는 이 사바세계에 머무는 동안 스스로 부처
님을 항상 만나서 친히 공양드리지 못할 것이라고 미리 체념하며,
신심을 성취하기도 어렵다고 두려워하여 공부에 대한 뜻을 접으

려 하는 사람은 여래께서는 훌륭한 방편이 있기에 신심을 거두어 보호해 주는 힘이 있다는 것을 알아야 한다. 오로지 부처님을 생각하는 인연으로 타방의 부처님 국토에 태어나서 항상 부처님을 뵙고 영원히 악도에서 벗어나기를 원하는 것이다.

경에 설하되 '만약 사람이 오로지 서방 극락세계의 아미타부처님을 생각해서 닦은 선근으로 그 세계를 향해 태어나기를 원하면 곧 다시 태어난다'라고 하였다. 항상 부처님을 뵙기 때문에 마침내 물러나는 일이 없고, 만약 저 부처님의 진여법신을 보아서 항상 부지런히 닦아 익히면 더할 나위 없이 좋은 곳에 태어나 바른 선정에 머물게 된다.

【해설】

염불을 해서 서방 극락세계에 왕생하여 바른 선정에 들어갈 수 있다는 특별한 방편을 설해 보였다. 이른바 육자六字 방편이다. "나무아미타불"의 여섯 자를 일심으로 지송하면 왕생극락을 성취하게 되고 그로 인해 부처님을 뵙게 되어 물러남이 없는 신심을 견지하게 된다는 것이다. 초심자가 수도의 의욕이 감퇴될 때 부처님이 베푼 특별한 방편을 이용하여, 지극한 마음으로 부처님을 생각하면 불국토에 태어날 수 있다고 한 것은 하근기下根機 중생을 위해서 베푼 설법으로 볼 수 있다. 하지만 의지가 약한 중생들도 부처님의 세계에 태어날 수 있다는 가능성을 밝혀 부처님의 자비가 누구에게나 평등하다는 것을 아울러 나타내고 있다.

정종분
正宗分

권수이익분

勤修利益分

100

닦으면 이익이 있다 권하는 부분

권수이익분 勸修利益分

已說修行信心分하니 次說勸修利益分하리라. 如是摩訶衍諸佛祕藏을 我已總說하니 若有衆生이 欲於如來甚深境界에 得生正信하야 遠離誹謗하고 入大乘道인댄 當持此論하야 思量修習하면 究竟能至無上之道하리라. 若人이 聞是法已하고 不生怯弱하면 當知此人은 定紹佛種하야 必爲諸佛之所授記하리라. 假使有人이 能化三千大千世界滿中衆生하야 令行十善이라도 不如有人이 於一食頃에 正思此法이니 過前功德을 不可爲喩니라.

復次若人이 受持此論하야 觀察修行호대 若一日一夜하면 所有功德이 無量無邊하야 不可得說이니라. 假令十方一切諸佛이 各於無量無邊阿僧祇劫에 歎其功德이라도 亦不能盡이니 何以故오. 謂法性功德이 無有盡故로 此人功德도 亦復如是하야 無有邊際니라.

수행신심분을 설했으니 다음 권수이익분을 설하리라.

이와 같은 마하연(대승)인 모든 부처님의 비밀스런 법을 내가 이미 모두 설했으니, 만약 어떤 중생이 여래의 깊은 경계에 바른 믿음을 내어 멀리 비방에서 벗어나 대승의 도에 들어가려면 마땅히 이 논을 지녀 잘 생각해 닦아 익히면 최후에 가서 위없는 도에 이르게 되리라. 만약 사람이 이 법을 듣고 겁먹은 나약한 마음을 내지 않으면 이 사람은 결정적으로 부처의 종자를 이어받아 반드시 부처님의 수기를 받으리라는 것을 알아야 한다. 설령 어떤 사람이 능히 삼천대천세계에 가득한 중생들을 교화해서 열 가지 선을 행하게 하더라도 어떤 사람이 밥 한 끼 먹는 사이에 바로 이 법을 생각하는 것만 같지 못하니, 앞의 공덕을 훨씬 능가하기에 비유할 수가 없다.

만약 다시 어떤 사람이 이 논을 받아 지녀 뜻을 살펴 수행하되 하루 밤낮만 하여도 그 공덕이 한량없고 끝이 없기에 말로 표현할 수 없다. 가령 시방의 일체 모든 부처님들께서 각각 한량없는 아승지겁에 그 공덕을 찬탄하더라도 능히 다하지 못한다. 왜냐하면 법성의 공덕이 다할 수 없기 때문에 이 사람의 공덕도 또한 그와 같아 끝이 없기 때문이다.

【해설】

부처가 비밀히 간직하고 있는 대승大乘mahāyāna을 총괄적으로 설하고 마지막으로 이 대승을 수지受持하는 이익을 밝히고 있다.

만약 누구든지 지극히 심오한 여래의 경지에 대해 바른 신심을 일으켜서 그것을 비방하지 않고 대승의 길에 들어서기를 바란다면, 마땅히 이 논을 간직하고 그 뜻을 깊이 생각하며 몸소 실천해 나가면 도道에 이를 수 있다. 세속적인 착한 일도 중요하지만 이 대승에 대한 올바른 이치를 생각할 줄 아는 것이 더 중요하다. 단 하루만이라도 이 논의 뜻을 이해하고 실천하여도 그 공덕은 무량하여 이루 다 말할 수 없다. 법성의 공덕, 곧 진여 그대로의 마음의 공덕이 말할 수 없이 많기 때문이다.

101

헐뜯고 비방하는 죄

훼방지죄 毀謗之罪

其有衆生이 於此論中에 毀謗不信하면 所獲罪報는 經無量劫
토록 受大苦惱하리라. 是故로 衆生이 但應仰信이요, 不應毀謗이
니 以深自害하고 亦害他人하야 斷絶一切三寶之種일새니라. 以
一切如來 皆依此法하야 得涅槃故며 一切菩薩이 因之修行
하야 入佛智故니라. 當知하라. 過去菩薩도 已依此法하야 得成
淨信이며 現在菩薩도 今依此法하야 得成淨信이며 未來菩薩도
當依此法하야 得成淨信이니 是故로 衆生이 應勤修學이니라.

그 어떤 중생이 이 논의 내용을 헐뜯고 비방하여 믿지 아니하
면 그로 인해 얻는 죄의 과보는 한량없는 겁이 지나도록 큰 고뇌
를 받게 된다. 이렇기 때문에 중생들이 응당 우러러 믿을 것이요,
헐뜯고 비방하지 말아야 한다. 그렇게 하지 않으면 깊이 스스로를
해치고 또한 남을 해쳐서 일체 삼보의 종자를 끊어지게 한다.

일체 여래께서 모두 이 법을 의지하여 열반을 얻으며, 일체 보살들이 이 법으로 인하여 수행해서 부처의 지혜에 들어간다. 마땅히 알아 둘 것이니 과거 보살도 이미 이 법을 의지해 깨끗한 믿음을 이루었으며, 현재 보살도 지금 이 법을 의지해서 깨끗한 믿음을 이루며, 미래 보살도 마땅히 이 법을 의지해 깨끗한 믿음을 이룰 것이니, 그러므로 중생들이 응당히 부지런히 닦아 익혀야 한다.

【해설】

법을 비방하는 죄보는 실로 크다. 만약 이 논에 설해진 말씀을 헐뜯고 비방하여 의심하면 그로 인해 얻는 죄보는 한량없는 겁을 지나도록 큰 고뇌를 받는다. 뿐만 아니라 스스로를 해치고 남을 해쳐서 삼보의 종자를 끊는 결과를 가져온다. 모든 여래가 대승의 법을 의지하여 진정한 평화를 얻었고 보살들도 이로 인해 부처님의 지혜에 들어간다. 과거·현재·미래의 모든 보살들이 이 법에 의해 바른 믿음을 얻는 것이니 누구든지 부지런히 닦고 익혀야 할 것이라고 권고하면서 본문의 내용을 마감하였다.

유통분
流通分

102

회향하는 게송

회향게 迴向偈

諸佛甚深廣大義를 我今隨分總持說하니
迴此功德如法性하야 普利一切衆生界하야지이다

　　모든 부처님들의 매우 깊고 광대한 뜻을 내 이제 능력대로 모
두 설하였으니 / 이 공덕 되돌려 법의 성품과 같이해 널리 일체
중생계를 이롭게 하소서.

【해설】

　　회향게迴向偈는 발원發願하는 내용이다. 논을 지은 공덕功德이
결국 중생계衆生界를 이롭게 하는 데 되돌려 달라는 염원이다. 대
승의 근본 정신인 이타심이 논주論主 마명의 회향게에도 간절히
드러났다. 법성이 지니고 있는 본래 공덕 그대로 중생에게 온전히
돌려준다는 말이다.

일반인을 위한 특별한 불교 교과서

대승기신론 신강

초판 1쇄 펴냄 2014년 11월 21일
2판 4쇄 펴냄 2023년   3월 23일

강해   지안 스님
발행인   정지현
편집인   박주혜

대표   남배현
본부장   모지희
편집   손소전 주성원
디자인   정면
경영지원   김지현
출판등록   제2007-000078호 (2007. 04. 27.)

펴낸곳   ㈜조계종출판사
주소   서울시 종로구 삼봉로 81 두산위브파빌리온 1308호
전화   02-720-6107
전송   02-733-6708
이메일   jogyebooks@naver.com
구입문의   불교전문서점 향전(www.jbbook.co.kr) 02-2031-2070

ⓒ 지안, 2014
ISBN 979-11-5580-027-0 03220